VOLODYMYR ZELENSKY

DANS LA TÊTE D'UN HÉROS

澤倫斯基

我需要彈藥，而不是逃跑

賀吉斯・瓊代、史蒂夫・修安 —————— 著

Régis Genté *Stéphane Siohan*

范兆延 譯

本書音譯說明

烏克蘭的官方語言是烏克蘭語，但有一部分人口使用俄語。實際上，烏克蘭是個高度雙語化的國家，大多數人都能理解和口說兩種語言，毫無困難地自由切換，有時甚至夾雜使用，特別是在鄉下地區。

這種多語言現象多少會造成表達方式、地名和專有名詞在法語音譯上的問題。烏克蘭語和俄語雖然都使用西里爾字母，但是有些字母的細微差異使得稱呼也不盡相同。

本書決定盡可能尊重烏克蘭語的音譯，即烏克蘭民事登記姓名的音譯，同時也尊重官方地圖上城市和地區名稱的音譯。因此，關於總統澤倫斯基的名字，我們在法語原文中是沿用「沃洛基米爾」（Volodymyr），而不是俄語中的「弗拉迪米爾」（Vladimir）。同理，書中也採用「伊霍爾」（Ihor）而不是俄語中的「伊果」（Igor）。

近年來，烏克蘭人希望國際媒體改變「Kiev」（基輔）的拼寫方式，一般認為這是首都的俄語名稱，並呼籲改採「Kyiv」，這才是其首都名稱真正的烏克蘭語音譯。大多數英美媒體從善如流，從各大新聞社開始，近年來都紛紛採用了「Kyiv」的拼寫方式。

這樣的改變在法語中比較難以落實，因為「Kiev」在法語媒體和出版業中，早已是根深蒂固的正統拼寫方式。然而，時代在變。當烏克蘭面臨俄羅斯侵略，遭遇歷史動盪的時刻，有些媒體決定修改規則，採用「Kyiv」的拼法。《解放報》和《Mediapart》編輯部在二〇二二年三月做出這一決定，認為語言的使用必須符合當代世界地緣政治和社會事件的變化。本書的兩位作者通曉俄語，於是也決定加以採納。

本書採用「Kyiv」的拼寫，是因為烏克蘭人希望人們如此稱呼他們美麗的首都。同樣地，我們採用「Kharkiv」（哈爾基夫），而不是「Kharkov」；「Lviv」（利維夫），而不是「Livov」；「Louhansk」（盧漢斯克），而不是「Lougansk」。但音譯是門藝術，如果這麼簡單豈不流於單調：我們更偏愛「Odessa」（敖德薩），而不是烏克蘭語中拼寫的「Odesa」，因為這是個自有其道理的神話之城！

在專有名詞方面，我們一般會使用烏克蘭形式的名字和姓氏，這也是烏克蘭人書寫的習慣。然而，有些烏克蘭名人會在公開場合保留俄語變體的姓名。我們尊重他們的選擇，這是出於務實的考量，同時也考慮到另一個因素：社群網站。烏克蘭的政治人物、藝術家和一般民眾，在公開網頁會希望使用拉丁字母來拼寫他們的名字。通常這種形式符合英語的音譯，也有相應的規則。

面對如此豐富且複雜的語言背景，我們期許尊重烏克蘭語言的完整性，儘管俄語仍是烏國職場經常使用的語言。談到斯拉夫語言的音譯，盡善盡美是難以實現的理想，本書秉持的立場是合乎邏輯、尊重個人身分認同和烏克蘭文化的個性。

CONTENTS

第一章・沒有演過的一場戲

「我需要彈藥，而不是逃跑。」

舉國上下一夜未眠，烏克蘭捲入了戰爭。二〇二二年二月二十三日那一夜，許多烏克蘭人都無法入睡。兩天前，他們聽著俄國總統弗拉迪米爾．普丁（Vladimir Poutine）以歷史和地緣政治修正主義包裝的長篇獨白，接著開始抨擊烏克蘭，那前所未聞的暴力程度令人瞠目結舌。這場談話沒有其他目的，為的只是合理化他一心一意想要挑起的衝突。那天晚上，每個人的眼睛都盯著電視機、智慧型手機或任何其他螢幕。幾個月來，它們持續播送著俄羅斯軍隊在烏克蘭南部、東部和北部邊境大規模部署的畫面。

從二〇二一年十月開始，美國情報單位就一直在媒體上散布俄羅斯即將入侵烏克蘭的消息。隨著季節進入深冬，情勢也愈發明確：戰爭將在二月底爆發，一場規模空前的全面戰爭。幾週前，美國有線電視新聞網（CNN）頻道轉述，拜登甚至表示烏克蘭的首都基輔將會遭到轟炸。想到如此災難性的場面，人們的擔憂與日俱增，然而許多烏克蘭人，甚至是該地區的專家仍然抱持懷疑態度，彷彿他們無法想像普丁會縱容自己作出這難以挽回的決定。

深夜，情勢告急，通訊軟體和社群網路服務在凌晨兩點左右開始爆量。當時身穿黑色西裝、領帶並搭配白襯衫的總統沃洛基米爾・澤倫斯基（Volodymyr Zelensky）直接用俄語呼籲俄羅斯民眾：「請各位傾聽理性的聲音，烏克蘭人民渴望和平。」他表示曾試著直撥電話給普丁：「結果卻遭到沉默對待。」他鄭重重申烏俄兩國的關係：「我們不需要戰爭。烏克蘭不會進攻，但是我們會保衛自己。屆時，你們將會看到我們的臉。不是我們的背，而是我們的臉。」

稍晚，克里姆林宮的主人發表了夜間談話。在令人震驚的言談中，他宣布將發起一項「使烏克蘭去納粹化」的「特別軍事行動」。剎那間，每個人都明白了他字裡行間的意義：這是宣戰。談話結束後幾個小時，幾枚彈道飛彈襲擊了克拉馬托爾斯克（Kramatorsk）、基輔、哈爾基夫等地。全球恐慌。那是個感傷的二月二十四日，接近上午六點，俄羅斯在烏克蘭的戰爭剛剛開始。

俄羅斯坦克縱隊以極快速度越過邊界，戰術部隊也開始部署。從白羅斯或黑海發射的遠程導彈襲擊烏克蘭各地的機場或戰略軍事設施。清晨，澤倫斯基拿起手機開啟自拍模式，一如三年前他剛投入的那場奇幻選戰。這一次，他直接對自己的同胞喊話。他的襯衫前襟敞開，領帶鬆脫。他滿臉怒容說道：「普丁已經對烏克蘭和整個民主世界宣戰。他想摧毀我的國家，我們的國家，我們建立的一切，我們為之而活的一切。我要告訴所有的烏克蘭人民，尤其是士兵們：你們是勇敢、堅不可摧的一群，你們是烏克蘭人。」他正在蛻變。成為承諾帶來和平的總統之後，澤倫斯基脫胎換骨，成為一個交戰國的領導人。

這個男人四十四歲，卻經歷了許多不同的人生，這是藝術家、創作者和斜槓者的特點。諧星、演員、編劇、製作人、大老闆，他曾因為兩度選上烏克蘭總統而出名：第一次是二〇一五年，在一部名為《人民公僕》（Slouga Narodou）的電視喜劇影集中；第二次是二〇一九年，在全球絕無僅有的一次總統大選後，他成為了真實生活中的總統。面對如此超現實和後現代的發展，沒有人知道虛構和現實的界線究竟在哪。在電視劇中，澤倫斯基運用所有的想像力，以純屬虛構的瓦西爾·戈洛博羅德科為皮相，來揣摩一位烏克蘭總統所可能面臨的各種情況，只是劇中獨漏了一個角色：作戰統帥。

隨著第二次世界大戰末代倖存者的壽終正寢，歐洲其他國家對二戰的記憶正逐漸淡去。然而就在二〇二二年，曾寫下二十世紀最血腥和最戲劇化一頁的烏克蘭，境內爆發了一場新的重大戰事，它有可能成為自一九四五年以來，兩個國家、兩支軍隊在歐洲土地上最大規模的常規衝突。二月二十四日晚間，烏克蘭已經有一百三十七人死亡和三百一十六人受傷，這只是暫時的初步統計。澤倫斯基再次發表官方演說，為未來的對外談話定調：簡單、直白、不妥協，而且是毫不留情直踩西方良知的痛點。「我今天問了二十七位歐洲領導人，烏克蘭是否可以加入北約，結果大家都很害怕，沒有人回答我。」他痛批道，「都是些假好漢。但是我們並不害怕，我們什麼都不畏懼。我們不怕保衛自己的國家，我們不怕俄羅斯。」當天稍早，澤倫斯基直搗歐洲領導人的玻璃心，要他們正視殘酷野蠻的現實：「這可能是各位最後一次看到我還活著。」

此時他知道俄羅斯軍隊正在首都西北方的霍斯托梅爾（Hostomel）軍用機場空投特種部隊，其中包括普斯科夫（Pskov）衛隊第七十六空降突擊師的強大傘兵部隊。如果敵人占領了這個目標，就能調度重型運輸機，並在幾小時內將突擊隊投放到基輔市中心。「我會留在首都，」澤倫斯基堅決表示，「我的家人也會待在烏克蘭，我的孩子們也是。我的家人不是叛徒，而是烏克蘭公民。根據情報，敵人已經把我視為頭號目標，我的家人則是第二目標。他們想要殲滅國家元首，動搖烏克蘭的政治基礎。」

威脅千真萬確。從戰事的最初幾小時開始，基輔就處在最高警戒狀態。俄軍除了轟炸，也派遣裝甲部隊從北方猛攻這座大城，並在伊爾平（Irpin）、霍斯托梅爾、布查（Boutcha）等地與烏軍狹路相逢。沒多久，基輔市民開始逃難。在約四百萬的人口中，有半數循公路和鐵路逃離，其中以婦幼為優先。戒嚴令下達，擔任市長的前世界拳王維塔利·克里琴科（Vitaly Klitschko）下令實施嚴格宵禁。烏克蘭當局確信，基輔已經充斥俄羅斯特種部隊的顛覆小組，他們正在進行破壞和偵察活動。

平民連續兩天禁止外出。國土防衛隊（Teroborona）和警察收到指示，可以不另行警告就朝任何可疑人士開火。藏身於奧博隆（Obolon）和波迪爾（Podil）兩處城區，偽裝成普通車輛的俄軍小隊遭到殲滅。烏國安全國防委員會表示，俄軍的目的是為了幫助炮兵圈靶，同時除掉烏克蘭的政府高層。副總理伊莉娜・韋列施丘克（Iryna Verechtchouk）就接到英國大使的電話，獲悉自己名列「殺戮名單」。

後來，烏克蘭國家安全和國防委員會主席奧列克西・丹尼洛夫（Oleksiy Danilov）透露，澤倫斯基是至少三起暗殺行動的目標，其中最主要的一次是由車臣國民警衛隊的一支特勤部隊——卡迪羅夫西（Kadyrovtsy）主導，他們是車臣共和國殘暴領導人拉姆贊・卡德羅夫（Ramzan Kadyrov）的鷹犬，而後者更是普丁的子弟兵。丹尼洛夫表示，烏克蘭安全機構是從俄羅斯聯邦安全局（FSB）內部洩漏出來的詳盡資料中，獲悉了這次的特別行動；美國消息人士也向我們證實了這一點。

各種威脅獲得充分證實，於是美國提議協助澤倫斯基撤離。「我需要彈藥，而不是逃跑。」烏克蘭總統斬釘截鐵地回答拜登特使團，這句答覆將永載史冊。幾個小時後，澤倫斯基變得更加無所畏懼。面對克里姆林宮的陰謀算計和假消息，他祭出了自己最喜歡的武器：Instagram和社群網路，在烏克蘭人民和全球網民的面前直球回應，令所有人大開眼界。

二月二十五日，俄國媒體一而再再而三強調，烏克蘭領導人已經逃離該國。言下之意就是：總統是個膽小鬼。一枚新聞炸彈，意圖挫敗烏國人民的信心，讓他們放棄一切抵抗。這無疑是誤解了烏克蘭人民和這位怪咖總統的秉性。夜幕降臨，澤倫斯基步出總統府大樓，在政府要員的陪伴下，他沿著緊鄰的班科瓦街走去。每個人都身著軍綠色服裝，在街燈昏黃的映照下，他彷彿帶領著一支搖滾樂團或是一支游擊隊伍。他把智慧型手機對著五人幫說道：「大家晚安！議會黨團主席（大衛・阿拉卡米亞，David Arakhamia）在這裡，總統幕僚長（安德里・葉爾馬克，Andriy Yermak）在這裡，總理（丹尼斯・奇米哈爾，Denys Chmyhal）在這裡，米哈伊洛・波多里亞克（Mykhailo Podoliak，外交顧問）在這裡，總統本人也在這裡，我們都在這裡。我們的軍人在這裡，公民在這裡。我們都在這裡捍衛烏克蘭的獨立，捍衛我們的國家，而且會一直繼續下去。榮耀屬於保家衛國的人！榮耀屬於烏克蘭！」

這段隨手拍的影片真是神來之筆，比刻意的宣傳噱頭高明許多。一九四〇年，法國人收聽戴高樂將軍在倫敦廣播電台上的演說；到了二〇二二年，有一千五百萬人在 Instagram 與澤倫斯基面對面，這數字還不包括其他平台。他的現身激勵了舉國上下，人們立刻明白，他們的總統和總統身邊的要員（像極了五指並聯的知心死黨）是不會放棄他們的，即使是開戰前猛烈抨擊澤倫斯基的人士也團結起來，支持他的勇敢發聲。然而在衝突爆發之前，其實有許多烏克蘭人擔心澤倫斯基刻意淡化入侵風險的立場，暴露出他可能會對俄投降的弱點。

澤倫斯基剛剛扭轉了輿論風向。去年十二月，他的支持率最高也不過38%。街燈下自拍的神影片發布兩天後，有91%的烏克蘭人表示支持總統的做法！早在澤倫斯基表態之前，烏克蘭人就表現出過人勇氣，並大規模投入抵抗占領者的行動。同樣是Rating中心發布的一項民調，有85%的受訪民眾相信他們的國家能夠贏得對俄戰爭。烏克蘭人的戰鬥精神眾所周知，但最令人驚訝的是被某些人稱為「烏克蘭隊長」（Capitaine Ukraine）的澤倫斯基所身體力行的道德與勇氣；他突然現身在世人面前，儼然就是位不折不扣的政治領袖。

民主國家的堡壘

二〇二二年四月四日，澤倫斯基臉龐的稚氣不再。從前，人們可以在他的眼神某處、在嘴角、在刻意的擠眉弄眼中，看到那張年輕喜劇演員的模樣；那是一位全然快樂的人，擁有玩世不恭的個性。那天，在基輔西北郊的小鎮布查，這位總統一下子老了二十歲。他面色凝重，專注看著瀰漫城中各處的恐怖景象。街道上散落著屍體，通報的蓄意輪姦事件不斷增加，殘破的屋瓦，坦克的殘骸。澤倫斯基的臉有些浮腫，深鎖的眉頭緊連鼻梁，明顯的黑眼圈，兩週沒刮的鬍鬚裡竄出幾根白毛。

這是自開戰以來，總統首次離開首都中心。經過一個月的激烈交戰，烏克蘭士兵和國土防衛隊造成了俄羅斯軍隊的巨大損失，迫使克里姆林宮放棄最初的目標：占領基輔，甚至是殲滅烏克蘭領導高層。俄羅斯和車臣部隊撤出布查，留下一片斷垣殘壁。澤倫斯基身穿防彈背心，來到這裡親眼見證俄羅斯對他的國家和人民所發動的殘酷戰爭。「他們犯下了戰爭罪，全世界都會同意這是種族滅絕。」他在世界末日的街景下對幾十名記者說。

布查的街道和後院到處都是死去的平民，有些屍體已經被匆匆埋在花園裡或是沿街就地掩埋。在聖安德烈教堂附近，發現了一處埋有數十具遺骸的亂葬崗，布查瀰漫著死亡的惡臭。調查人員估計，有四百多人遭到處決，其中大多數是後腦勺一槍斃命。許多屍體被發現時，雙手都被反綁在背後，這種慣用的處決手法在其他地方也可以看到，符合《國際法》定義的危害人類罪。更嚴重的是，調查人員和記者披露的初步線索表明，這場大屠殺可能是刻意要消滅某個特定族群。

國際刑事法院（CPI）的調查人員趕到現場。澤倫斯基使用「種族滅絕」（génocide）這個字眼，希望帶動國際輿論風向，讓世人瞭解這些罪行的嚴重性和規模，同時也希望揭露烏克蘭遭到入侵背後的深刻含義，因為克里姆林宮發出的訊息十分令人不安。普丁援引為開戰藉口的「去納粹化」政策，被俄國部隊解釋為必須殺害任何堅持烏克蘭獨立自主或與愛國運動有關係的特定人士。在俄羅斯軍隊撤出布查之際，克里姆林宮的一位理論家寫道：「人民沒有錯，都是政府的錯，這個假設是行不通的，承認這一事實是去納粹化政策的基礎[1]。」這番話令人不寒而慄。打從一開始，俄國就沒有排除種族滅絕的意圖。

在北方的解放區，到處都能發現其他與布查有相同遭遇的地方，更不用說有數不清的城鎮和村莊被炸彈徹底摧毀，比如距離基輔六十公

1. 迪莫菲．謝爾蓋耶夫（Timofeï Sergueïtsev），《俄羅斯該如何對付烏克蘭》（Ce que la Russie doit faire avec l'Ukraine），俄羅斯新聞社，二〇二二年四月三日。

里的博羅迪安卡（Borodianka）。二〇二二年三月一日，澤倫斯基在接受美國CNN頻道和路透社採訪時表示，「烏俄戰爭總體上是一場價值之戰，關於生命、民主和自由的價值，因此這是一場挑戰全世界的戰爭。」澤倫斯基在與國際媒體、外國領導人或西方議會的多次視訊會議上，不厭其煩地提出這個看法，所有人均在大螢幕上報以熱烈掌聲。一些北約成員國，像是波蘭或波羅的海國家，都明白自己可能會受到俄軍襲擊而導致衝突進一步升高。

三月二十三日，在法國國民議會和參議院面前，澤倫斯基談到了「為我們共同的自由而戰！為了巴黎和基輔，為了柏林和華沙，為了馬德里和羅馬，為了布魯塞爾和布拉迪斯拉瓦」。他呼籲法國議員強化國防並制裁俄羅斯。澤倫斯基的意思是，在這個動盪的時代，世界各地的專制和獨裁政權打算利用西方民主國家的弱點和嚴重的歷史錯誤，來強加他們的治理模式。這對正值總統大選的法國無疑是一聲警鐘，因為晉級第二輪中的一位候選人得到了克里姆林宮的支持。

澤倫斯基一再提及的自由，首先是烏克蘭人民的自由，還有一九九一年恢復獨立政治國家的自由。它內部團結了講烏克蘭語和講俄語的公民，但其中絕大多數的人都會說這兩種語言；它還凝聚了不同的民族、不同的宗教信仰。簡而言之，就是那些渴望在一個包容的國家中共同生活的人們。對自由和烏克蘭民族團結的渴望，根植於哥薩克人的歷史。哥薩克人是生活在今天烏克蘭土地上的農民和戰士，他們是獨立自主的群體，並形成一種獨有的政治組織體系。政治學家亞歷桑德拉·古瓊（Alexandra Goujon）認為：「哥薩克人在烏克蘭民族歷史上扮演著神話般的角色，因為他們為了爭取自由而抵抗波蘭人和俄羅斯人[2]。」

2. 亞歷桑德拉·古瓊，《烏克蘭：從獨立到戰爭》（L'Ukraine. De l'indépendance à la guerre），巴黎，Cavalier bleu 出版，二〇二一年，第三十一頁。

蘇聯解體三十年後，烏克蘭人將當前的戰爭看作是一場獨立戰爭，甚至是一場去殖民化戰爭，因為它過去的宗主國無法接受自家門口出現一個民族國家。正是這種拒絕前蘇聯附庸相繼求去的心態，才造成了莫斯科與喬治亞、白羅斯、亞美尼亞或摩爾多瓦之間不同性質和強度的緊張局勢。隨著烏克蘭的興起，讓歐洲見證其大陸上最後一個偉大民族國家終於確立，它也正試圖在面對強鄰時保護自己並確保自己的存續。

俄羅斯對獨立的烏克蘭感到惱怒的原因，必須從內部的政治變化中瞭解。在分析烏俄衝突時，烏克蘭問題的國際評論家往往高估了全球地緣政治的影響和加入北約的議題，從而忽略了表述、憧憬和歷史淵源的重要性。當然，基輔或提比里斯加入北約的想法不容忽視，但是我們不能忘記，喬治亞在二〇〇八年遭受俄羅斯襲擊，理由與二〇一四和二〇二二年烏克蘭遭到入侵的情況十分相似。其實喬治亞早在考慮加入北約之前，境內分裂主義的衝突就得到了俄羅斯的支持，甚至是由俄方一手挑起。俄羅斯的進犯正是喬治亞加入北約的原因。

類似的情況也發生在烏克蘭。二〇一四年以前，贊成加入北約的比例占少數。但克里米亞遭到併吞、八年內奪去一萬四千條人命的頓巴斯戰爭，以及俄羅斯的擴張政策，使得支持加入北約來確保國家安全的比例逐漸增加。普丁非常不能接受這種主張，因為向北約靠攏或加入北約形同採用西方的治理模式，一旦它在克里姆林宮所認定是「俄羅斯世界」的領土上扎根，就可能會汙染俄羅斯聯邦及其本質上的專制治理。

因此，俄羅斯在烏克蘭的戰爭並不是二〇二二年二月二十四日早上六點才爆發的，而是在更早之前。這不僅與烏克蘭近年來渴望加入北約有關，同時還可以追溯到二〇一四年二月，廣場革命對俄羅斯政權的冒犯；這場群眾運動導致親俄總統維克多·亞努科維奇（Viktor

Ianoukovitch）在二〇一三年十一月放棄與歐盟簽署結盟協議之後黯然下台。克里姆林宮隨後利用革命結束的過渡期來懲罰烏克蘭，併吞了克里米亞，並在烏東的礦業和鋼鐵大省頓巴斯發動「分離主義」衝突。歸根究底，二〇二二年的開戰在俄烏兩國的歷史上有很深的淵源，可以追溯到三百多年以前。

在十八世紀初和二十世紀初，俄羅斯帝國和後來的蘇聯曾兩度以戰爭或暴力脅迫的方式，阻止烏克蘭獲得獨立國家的地位，代價是在一九三〇年代史達林的統治下，烏克蘭農民和政治、知識精英被消滅殆盡。因此，二〇二二年的戰爭不過是延續了統治欲望和渴望自由之間漫長的歷史糾葛。兩個世紀以來，俄羅斯領導人和理論家一直不遺餘力將烏克蘭包裝為「小俄羅斯」（普丁在二〇二一年的說法），並將烏克蘭人和俄羅斯人視為「兄弟民族」。

這正是大多數烏克蘭人堅定拒絕的主張，也是現在的澤倫斯基所無法接受的觀點，儘管他的社會和地緣出身以及工作經歷，都足以讓他成為「俄羅斯世界」的擁護者。但是二〇一四年俄羅斯的侵略，加上二〇二二年二月的這場戰爭，看在他的同胞們眼裡，代表以任何形式融入這個「俄羅斯世界」都是不可能的事情。抵抗莫斯科發起的「特別軍事行動」，被視作是一場維護國家獨立和生存的存亡之戰。

兩國之間的差距逐漸擴大，毫無挽回的餘地。如果烏克蘭挺過這場戰爭，由普丁所領導的「去納粹化」行動，將成為克里姆林宮未來染指烏國野心的墳墓。在莫斯科建立新政權之前，布查大屠殺將始終標誌著俄烏之間的徹底決裂，今後雙方將分屬敵對的兩個世界。一方面，普丁將烏克蘭領導圈稱為「一群毒蟲和新納粹」；另一方面，儘管雙方開戰，儘管遭到蔑視，儘管俄軍燒殺擄掠，烏克蘭總統和政府要員卻從來不會公開羞辱他們的俄國同事，因為正如澤倫斯基在二〇二二年四月所說：「當意識到自己想成為文明社會的一員時，你必須保持冷靜，因為法律決定一切。」

政壇異類

俄羅斯對烏克蘭發動的戰爭不只是一場高強度的軍事衝突，更是一場口水戰、宣傳戰，也是兩個迥異男人在作風上的徹底對抗。弗拉迪米爾．普丁，七十歲，執政二十多年，是典型的俄羅斯領導人，專制、殘暴，先後受過克格勃（KGB）和聯邦安全局（FSB）官僚文化的洗禮，深居在自己的象牙塔裡，不曾遭受反對或異議；沃洛基米爾．澤倫斯基，四十四歲，二〇一九年當選烏克蘭總統，過去沒有任何執政經驗，但屬於賈斯汀．杜魯道（Justin Trudeau）或艾曼紐．馬克宏（Emmanuel Macron）等新一代的自由派政治家，他毫不諱言自己與他們的相似之處，講究形象表現並具有某種執政美學。

從開戰前夕開始，雙方的反差就十分明顯。國際輿論驚訝地看著普丁在富麗堂皇的克里姆林宮接待外國元首或是政府閣員，那畫面令人不寒而慄；沙皇的客人被安排在沒有盡頭的長桌彼端，保持一段距離，這不僅是為了讓普丁遠離當然包括Covid-19在內的各種微生物和病毒，同時也是為了表現獨裁執政的排場，以及他凌駕訪客的優越感。這一次召開國家安全和國防委員會，是為了承認頓內次克（Donetsk）和盧漢斯克「分離主義」共和國的地位。氣氛劍拔弩張，可以看到普丁以言語暴力對待部會首長和他身邊的顧問，其中有些人對這次會議所可能造成的軍事後果感到相當錯愕。

澤倫斯基的政治表現風格與普丁這位前蘇聯情報局中校截然不同。他平時穿著合身西裝，戰時則穿上軍綠短T或襯衫，主打簡約、親切、無距離感的風格。對於自己的同胞，他採取透明政策，每天在自己的社群媒體帳號上發布視訊消息。有時他會自拍，營造一種與觀眾沒有隔閡的親密感。澤倫斯基從不吝於與同事、名人甚至是在街上遇到的一般民眾入鏡自拍。在開戰後的第一次國際記者會上，他帶著自己的椅子來到現場，與記者不分你我地坐在一起。還有一次，他坐在總統辦公室一樓的台階上，對著德國電視台的麥克風講話，四周堆滿了沙包，用以阻隔可能的槍炮襲擊。一般來說，他是個笑容滿面的人，除非被問到不喜歡的問題或是遭到記者批評，但他學會控制自己的脾氣。他十分善於與人建立關係，對人過目不忘，總會主動握手並親切寒暄。在上任初期與各國領袖往來時，他還略顯生澀，但後來就學會了如何迎合這些人的個性。

許多消息來源指出，總統澤倫斯基在戰時的日程安排，有很大部分是用於對外溝通。他將危機管理委派給自己的心腹顧問，將時間花在打電話、Zoom及Skype上。他幾乎每天都會向各國的元首、總理、國會和國際組織喊話，告訴他們戰事的最新進展，為烏克蘭仗義執言，同時不厭其煩地重提他最愛的話題：提供武器和加強對俄羅斯的制裁。每一次的談話內容都是字斟句酌，並根據對象裁量訂做：如果是英國人，他會提及丘吉爾和托爾金；法國人，他就會談起凡爾登戰役；在美國國會面前，他則以珍珠港事件和二〇〇一年的九一一事件獲得熱烈迴響。

澤倫斯基喜歡在談話中引述電影的內容，「當某些領導人問我需要什麼武器時，我回答說我需要一點時間冷靜下來，因為早在一週前，我就已經告訴過他們同樣的事情。這就像電影《今天暫時停止》，我覺得自己像極了比爾．莫瑞（Bill Murray）。」澤倫斯基笑著說。那時是四月底，他會見了東歐記者和歷史學家安妮．阿普爾鮑姆（Anne Applebaum）。他當時談到了這部電影，片中的主人公被困在時間的循環中，迫使他一再重溫同一天的生活。幽默感和天生的好脾氣幫助澤倫斯基與特定人士建立私交甚至是友誼，例如歐洲理事會主席夏爾．米歇爾（Charles Michel）。

四月十日，前英國首相鮑里斯·強森（Boris Johnson）意外造訪基輔，提供政治上的聲援並交付新的武器。當時最糟糕的情況已經過去，澤倫斯基毫不猶豫立刻帶他前往獨立廣場散步，認識一下基輔民眾。澤倫斯基十分擅長這種作風：隨興的交流，立場堅定但不流於咄咄逼人。對待外國官員，他總是小心翼翼，從不無禮或是輕慢。當他對自己的同胞講話時，總是有滿滿的同理心，設身處地為他們著想。在開戰最初幾週，他的表現幾乎無可挑剔，擅長傳達簡單明瞭的訊息，在形象上下足功夫。他給人一種自然率性的感覺，但其實一切都經過完美設計；澤倫斯基是一位公關高手。

當他單獨面對一名或是多名記者，如果事前沒有拿到訪綱，他真實的一面就會立刻露餡：支吾語塞。無論使用何種語言，澤倫斯基的思路都十分紊亂。他有正確的見解，但卻經常拐彎抹角，而且可能需要很長一段時間，才能回答一個非常簡單的問題。在這些時候，澤倫斯基就成了一個不折不扣的政治謎團：他在想什麼？他有哪些強烈的政治主張，他真的有什麼見解嗎？他的才能在於利用過人的直覺和個人風采，來彌補先天上政治素養和思想骨幹的不足。他善於洞察人民渴望的過人天賦，讓他躋身二十一世紀新政治先鋒的一員。

二〇一九年三月，澤倫斯基會見了一小群記者，其中包括當時《經濟學人》俄羅斯和烏克蘭分社的社長諾亞．斯奈德（Noah Sneider）和本書其中一位作者。「我覺得他看起來很誠懇，但非常天真。他很迷人，非常有魅力。他似乎認為自己的名氣可以幫助他輕而易舉在沒有經驗的領域創造成功。他的一舉一動都不像那些統治和貪腐多年的自負政客，他的談吐跟一般人無異。」斯奈德對他記憶猶新，「在那次採訪中，我問他為什麼要放棄成功的演員生涯和粉絲的追捧，去承擔一份不確定而且充滿險阻的總統大位。他說起了人們對政治缺乏信心，只有他可以加以填補。」他顯然充滿抱負：「我想在歷史上留名。」他說。但他沒有用意識形態或歷史責任來設定他的目標。沒多久，《經濟學人》記者二度採訪澤倫斯基，後者告訴他「從政最重要的是誠實和誠信」。對諾亞・斯奈德來說，事後證明澤倫斯基當時對施政的細節僅有粗淺的瞭解，「但他對基本原則的認識已經比當時大家所認為的好很多」。

如果這裡可以使用「澤倫斯基主義」（zelenskysme）這個新詞，那它代表的就是一種天真善良的烏克蘭民粹主義。它是一種立足於網路時代的從政方式，其中的形象和視覺表達遠比內容和想法本身來得重要。二〇二一年三月，澤倫斯基再次強調：「十五年來，我產製訊息，自認是這個領域的專家，而且有能力在國家層級上將訊息傳遞出去。」這不僅是從層峰推動想法，也是將治理工作委託給各個領域的專家，汲取時代精神並蒐集好的點子。「澤倫斯基是一張白紙，跟他一起工作很有意思，我們可以提出想法。」彼得羅・波羅申科（Petro

Porochenko）的前財政部長、後來擔任澤倫斯基顧問的奧列克桑德·達尼尤克（Oleksandr Danylyouk）有天告訴我們。「烏克蘭的政客太多了，腦袋裡充斥腐敗思想，但卻少有捍衛法治和自由的政治人物。」政治分析家德米特羅·拉祖姆科夫（Dmytro Razoumkov）指出，他是澤倫斯基二〇一九年的競選策士。這說明了為什麼澤倫斯基才剛當選，就能夠在與普丁首次的遠距交鋒中，拋出這句擲地有聲的現代烏克蘭格言：「烏克蘭的公民精神就是自由、尊嚴和榮譽。」

當未來總統的策士群起為「人民公僕」這個全能型政黨奠定基礎時，他們自然而然就注意到法國和馬克宏的做事方式。「我們觀察法國的政治趨勢，關注馬克宏的一舉一動，也關注黃背心運動。」德米特羅·拉祖姆科夫語帶促狹表示。「人民公僕」的建立與「共和國前進」（La République en Marche）有著不尋常的相似之處：下台主義（dégagisme）、沒有強烈意識形態包袱的新精英、技術官僚文化、著迷新科技和數位化、重視持續溝通、對領導人的忠心耿耿，但是也有煽風點火的驚人能耐……

當選後不久，澤倫斯基委託一位友人，也就是烏克蘭最高拉達（Verkhovna Rada，即議會）未來議長魯斯蘭・斯特凡丘克（Rouslan Stefantchouk），負責將其政黨的意識形態加以理論化；斯特凡丘克提到了「自由主義」（libertarianisme）。我們可以在後蘇聯國家（喬治亞、亞美尼亞、波羅的海國家、俄羅斯）的許多學術圈裡看到這個詞，其中有一整個世代的領導人都受到喬治亞前經濟部長卡哈・本杜基澤（Kakha Bendoukidze）的思想所薰陶，即重新思考自由主義，使之契合這些國家的現實面。本杜基澤的著作被廣泛翻譯成烏克蘭語，並在廣場革命期間獲得烏國群眾的廣大支持。

在澤倫斯基眼中，這種自由主義的特點，主要是在處理社會問題上存在某種形式的自由放任。於是，澤倫斯基成為第一位毫不扭捏公開提及LGBT加上族群平權問題的烏克蘭總統；在一個仍由正統價值觀塑造的社會中，這的確是意義重大。他的第二個堅持是「更少的政府干預，更多的數位參與」。他是「把國家放進智慧手機裡」這個口號的作者，其訴求在於創造最大數量的線上公共服務，使國家更貼近人民，同時減少官僚主義和貪腐風險。三十一歲的副總理米哈伊洛・費多羅夫（Mykhailo Fedorov）負責數位化轉型，協助澤倫斯基建立一個強大的工具，名為Diia。它是一個簡單到連小孩子都會使用的智慧手機應用程式，有一千三百萬名烏克蘭用戶。每個人都可以透過手機掌握自己與政府、稅務局、監理站等單位的各種往來，而且烏克蘭還是世界上第一個將電子護照合法化的國家。

二〇一九年以來，烏克蘭在科技創新（IT，法語為innovation technologique）方面經歷前所未有的經濟繁榮，基輔已成為歐洲的加密貨幣和比特幣之都。戰前，烏國政府設定的目標，是在二〇二五年將國內生產總值（GDP）內IT產業的占比提高到10%。澤倫斯基顯然受到愛沙尼亞數位治理模式的啟發，這反映出他對以伊隆．馬斯克（Elon Musk）為首的新經濟先驅們十分景仰。在俄羅斯展開侵略行動的兩天後，澤倫斯基和他的政府求助於這位出生於南非的巨擘絕非毫無道理。二〇二二年二月二十六日，米哈伊洛．費多羅夫的確在推特上向馬斯克喊話：「@elonmusk，當您嘗試殖民火星的時候，俄羅斯正試圖占領烏克蘭！當您的火箭成功從太空返回地球時，俄羅斯的火箭正在攻擊烏克蘭百姓！我們懇請您提供烏克蘭星鏈（Starlink）通訊站，並呼籲講道理的俄羅斯人站出來[3]。」

幾個小時後，由馬斯克的公司SpaceX開發的星鏈服務在烏克蘭開通，通訊衛星已被調度至該國上空。事實上，澤倫斯基幾個月來一直夢想著在基輔接待這位億萬富翁。他非常景仰這些白手起家的人，他說這些人比政治人物更有能力改變社會。澤倫斯基的改革派自由主義，在他上任的第一年得到充分發揮，當時政府是由年輕的現代派總理奧列克西・貢恰魯克（Oleksiy Hontcharouk）領導，後來在二〇二〇年二月由丹尼斯・奇米哈爾取而代之。奇米哈爾是位從不引發事端的優秀經理人，之前在烏克蘭首富里納特・阿赫梅托夫（Rinat Akhmetov）的電廠擔任主管。畢竟在烏克蘭，自由主義和改革願望必須面臨一個殘酷的現實：無所不能的能源產業和寡頭的陰謀算計。

3. @elonmusk, while you try to colonize Mars – Russia try to occupy Ukraine! While your rockets successfully land from space – Russian rockets attack Ukrainian civil people! We ask you to provide Ukraine with Starlink stations and to address sane Russians to stand.

第二章・戲如人生

《人民公僕》

夜幕低垂。在獨立廣場高處，三名寡頭正為總統大選結果提前舉杯，為即將入主烏克蘭這個「不受監督的民主」，並成為未來「城堡之王」的人選乾杯。四下氣氛陰沉，令人宛如置身哥薩克版本的《權力遊戲》。在木吉他的兩聲和弦之間，影集片頭突然浮現，每個人都認出歌聲中德米特羅·舒洛夫（Dmytro Chourov）溫暖的嗓音，他是烏克蘭獨立搖滾的知名人物。「我愛我的國家，我愛我的妻子，我愛我的狗。我無處不在，從不停擺，簡直就像超人一樣……」他慢條斯理地哼唱。金色光芒灑落在烏克蘭首都、第聶伯河上的橋樑、克雷赫察提克大道一九〇〇年代樓面和簇新的玻璃帷幕建築，以及獨立廣場的立柱。一個相貌和藹、慈眉善目的傢伙踩著一輛白色自行車，然後將它停放在烏克蘭總統府前。

《人民公僕》是關於一位三十多歲高中歷史老師瓦西爾．戈洛博羅德科的故事。他仍和父母同住在一間典型的基輔公寓裡，客廳和廚房之間還同住著家族的近親遠戚，是後蘇聯時代獨有的家族共居。某天早上，親友口中的瓦沙（Vassya）上班耽擱，剛走出浴室便吃驚地發現即將卸任的總理就站在走廊上，而且還稱呼他為「總統先生」。總理表示，他剛以67%的得票率贏得了大選。

畫面閃回到幾週前，瓦西爾．戈洛博羅德科正在10 B班上教授歷史，學生是群剛滿十六歲的少男少女。他的一位同事突然闖進教室，表示應校長女士要求，要動員這群高中生幫忙張貼總統大選的海報。戈洛博羅德科穿著一件尺寸過小、老氣橫秋的藍色毛線背心，氣得臉色發青。學生們一離開教室，他的怒火便爆發開來，伴隨著一連串俚俗字眼。出於尺度考量，編劇被迫以「嗶」聲代替那些字眼：「我真的受夠了（嗶）！學生們還得去張貼選舉海報（嗶）！為什麼我們的日子苦不堪言？因為我們的選擇就只有這些競選海報，根本沒有合適的人選！我該把票投給誰？永遠都是從兩個混蛋中勉強選出一個（嗶）！二十五年來都是如此（嗶）！」

班上的一個調皮學生格羅托夫就在窗外，偷偷拍下老師發飆的片段並發布到YouTube上。影片瞬間爆紅！平凡老師的失控飆罵立刻紅遍全國，觀看人次有八百萬人。10B學生的家長心想，如果戈洛博羅德科參選，他們很樂意投票給他。學生們還為這位天真的老師發起了一場群眾募資活動。接著，毫無過渡轉場，他就在某天早上發現自己當選為烏克蘭總統，讓最受歡迎的謝爾希・卡拉西烏克和賈娜・博里森科（光明正大影射前總統彼得羅・波羅申科和前總理尤莉亞・季莫申科〔Ioulia Timochenko〕）成了笑話。當狡猾的卸任總理尤里・喬伊科帶他坐上豪車後座、駛向命定之地時，戈洛博羅德科仍不改每日搭乘電車的習慣，手裡還緊抓著車頂上的把手。

《人民公僕》開劇二十分鐘的精華，大概就是這樣不太正經的內容，但卻一躍成為烏克蘭情境喜劇冠軍電視台1+1的話題力作。整體製作簡潔、專業，至於劇情，電影迷們就別太苛求了。《人民公僕》主打的是幽默、諷刺以及相當膚淺的溫情風格，這部影集刻意放大對烏克蘭的所有刻板印象，用犀利的手術刀加以變造，然後包裝成短小喜劇而大獲成功。雖然遭到知識分子抵制，但本劇編排用心，受到了廣大群眾歡迎，大家都對1+1電視台雅俗共賞的節目十分捧場。八百萬這個數字也是《人民公僕》從二〇一五到二〇一九年播出三季劇集期間的平均收看人數，讓它成為現代烏克蘭最熱門的視聽節目。二〇一七年，第二季內容被改編為電影。不久之後，網飛平台收購了第一季的版權，創下烏克蘭視聽作品的首例，也為創作該影集的製作公司九五街區工作室（Kvartal 95）賺進大筆收益。工作室的老闆是位具有商業頭腦的喜劇演員和視聽製作人：沃洛基米爾．澤倫斯基。他不僅是製作人，也是《人民公僕》的聯合編劇和男主角。

本劇的成功有許多原因。首先最重要的一點，是烏克蘭這個每天都躍上新聞版面的國家需要喘口氣、笑一笑。這部情境喜劇由電視圈老手奧列克西．基留申科（Oleksiy Kiriouchenko）執導，一開始就設定在一個超脫時間、近乎虛幻的烏克蘭樂土。觀眾可以在劇中認出基輔的城市景觀，隱微反映出它經歷過的革命和紛擾的政治生態，但卻無法確定自己是身處在二〇〇四年還是在二〇一五年，時間脈絡十分模糊。劇中的主要角色都是很典型的人物，但除了一個關於普丁的笑話之外，本劇很少影射烏克蘭過去兩年所經歷的戲劇性轉折：激動人心的廣場革命、俄羅斯吞併克里米亞，以及克里姆林宮在頓巴斯安插的分離主義者對烏發動戰爭。第一季一開始，歐巴馬和梅克爾便恭賀瓦西爾．戈洛博羅德科的當選，但是這些生硬的笑料與現實毫無瓜葛，觀眾可以把頓巴斯的緊張局勢拋諸腦後，盡情地開懷大笑。

還有另一個因素：《人民公僕》的劇中人物主要是說俄語，它是本劇背後推手群的母語。這一選擇並非毫無道理。《人民公僕》的製作人都是在烏克蘭和俄羅斯兩地建立起自己的事業，而且對九五街區工作室來說，俄羅斯和其他前蘇聯共和國都是大有可為的市場。面對極其緊張的地緣政治背景，本劇從一開始就迴避了任何意識形態的定位。二十年來，俄語視聽作品一直主宰著烏克蘭市場：它們的製作成本低廉，而且有助於作品在俄語圈打開市場。畢竟，在這個絕大多數居民都是雙語的國家，語言相互滲透的程度很深，即使烏克蘭語在一九九一年國家宣布獨立後，就是烏國唯一的語言。《人民公僕》呈現出講俄語的基輔面貌，而且事實上就是如此；基輔是俄羅斯以外全球最大的俄語大城，然而當地的身分認同卻正以飛快的速度在改變當中。

對俄語的偏袒部分解釋了本劇受到大眾喜愛的原因，它尤其深獲四十歲以上人口的青睞；幾十年來，這些人的社交和家庭生活一直是以俄語進行。這齣情境喜劇承襲了過去二十年來的編劇規則，無論是涵蓋主題、呼應指涉和演員對白，都大受烏克蘭民眾歡迎。他們不一定是知識分子，而是來自烏克蘭中部和東部語言混雜地區的非精英觀眾。

也是因為這些原因，《人民公僕》引發爭議並掀起了一場政治攻防。二〇一四年，烏克蘭國家通過立法，要求由文化部和國家電影局（Derjkino）資助的視聽作品只能使用烏克蘭語。由民間贊助的電視電影和影集，像是《人民公僕》，則僥倖逃過部分法規限制，但電視台有義務為對話提供烏克蘭語字幕。儘管如此，《人民公僕》的幽默感在烏克蘭語西部地區則欠缺共鳴，因為當地的文化背景和思維邏輯不太一樣。

《人民公僕》編劇群所呈現的自嘲意識，激怒了多疑的知識分子和人們口中的愛國主義幫眾。他們認為本劇推手試圖踐踏烏克蘭社會來取悅搞笑，同時討好包括俄羅斯在內的廣大海外市場。本劇是面鏡子，呈現出天真、有時帶點溫情俗爛的世界；呈現出一個麻木不仁、沒有能力掌握自己命運的社會主體，只能巴望著救世主的降臨，而對方還是騎著一輛白色的自行車。於是乎那些渴望建立一個現代、歐洲、前瞻烏克蘭的觀眾，完全無法直視這面鏡子裡的自己。

儘管如此，《人民公僕》的成功還是所向披靡，因為澤倫斯基和他的編劇及演員團隊是對日常觀察入微的社會學家。本劇情節巧妙融入烏克蘭人面臨的各種煩惱，畢竟他們生在一個不平等的國家，而中產階級才剛興起。在這群抱怨寡頭和貪腐橫行的人們眼中，瓦西爾·戈洛博羅德科是個理想的總統。他的家人和一般民眾無異，面對困頓生活、現代消費社會和無情的後蘇聯資本主義，成了走後門和投機取巧的箇中好手，大膽挑戰法律界線。就像主人公的父親皮奧塔·戈洛博羅德科，他在兒子當選之後，就承諾友人可以提供政府中的油水肥差，並把公寓中的舊家具換成了俗氣的鍍金式樣。

兩個精心編排的樣板世界在本劇中共存。暗處是寡頭的世界，他們是政治競逐中失寵的傀儡，觀眾從未看到他們的臉孔：黑色豪華轎車，張嘴暴飲暴食，在麵包片上壓碎黑色魚子醬的胖手指和義大利的條紋西服；明處則是普通的烏克蘭民眾，他們像戈洛博羅德科一樣在家裡穿著無袖背心，申辦小額貸款，乖乖投票卻被騙走選票，想要改變制度卻無能為力。本劇在一些小地方上確實正中下懷，尤其是第一季中有一集，凡是曾在烏克蘭路上開過車的人，看到這一集都會咧嘴大笑。戈洛博羅德科總統開車行駛在一條坑坑巴巴的柏油路上，與一群修路工人狹路相逢，然而後者卻正在吃東西而不是修路。穿著橘色反光背心、頭纏傳統花色圍巾的胖壯工頭，向戈洛博羅德科解釋說，他的工人之所以無所事事，是因為砂石都被人給偷走了。後來總統傳喚基礎設施部長，對方卻無法交代修路進度，儘管政府已經投入了鉅額公帑。

道路，它是個能夠團結各個階層烏克蘭人的主題……撇開時而尖酸、時而言之有理的批評，《人民公僕》成功融合了寓言、政治童話、網飛格式化影集，以及烏克蘭風格，這部情境喜劇於是大獲成功並捧紅了一張臉孔：沃洛基米爾．澤倫斯基。他從一個週六晚間的知名諧星，搖身一變成為超級巨星。多年來，在選舉、在被竊取的理想和多次革命之間屢屢幻滅的公民，一直渴望選出一個正常、符合人民形象的總統。澤倫斯基、九五街區工作室和1＋1電視台，剛剛攜手創造出這位總統的立體樣貌。

為寡頭服務？

在《人民公僕》的工作人員字幕中，有個名字沒有出現，就是拿出支票簿成就本劇的金主：伊霍爾．科洛莫伊斯基（Ihor Kolomoïsky）。這位億萬富翁、寡頭和播送本劇的1+1頻道老闆，是烏國過去二十年來在政商領域的一個關鍵人物。在烏克蘭，平面媒體並不發達，抨擊的力道十分有限。如果你有錢，想對公共事務產生影響，就必須資助兩樣東西：一個或多個電視台和一個或多個政黨。

烏克蘭大約有三十個地面類比電視頻道，除此之外還有為數眾多的主題有線電視頻道、品質良莠不齊的地方電視台，以及知名的國際、歐洲和美國新聞頻道。公共視聽節目的收視率非常低，因長期資金不足而經營困難。自二〇一四年頓巴斯戰爭爆發以來，長期播送助長衝突內容的俄羅斯頻道已經遭到烏克蘭停播。

過去十年來，少數幾家電視台瓜分了市場大餅，它們背後的股東都名列烏克蘭富豪名人榜，也就是來自寡頭世界。市場領導者Ukraïna頻道由烏國首富、頓內次克礦工（Chakhtar Donetsk）足球俱樂部老闆里納特．阿赫梅托夫（Rinat Akhmetov）所有，其財富是來自煤炭、電力和鋼鐵業。其次是ICTV，由同樣是鋼鐵大亨的維克多．平措克（Viktor Pintchouk）擁有。然後是1＋1頻道，一個由八個頻道組成的集團，大股東是伊霍爾．科洛莫伊斯基。

這些頻道記者的獨立性和嚴謹態度完全取決於大老闆的政治和經濟利益，但主要的盈利項目一方面是體育，另一方面則是娛樂。包括談話性節目、影集、主流電影、綜藝節目，所以自然也包括搞笑和喜劇節目。在這方面，1＋1做得相當成功，可比烏克蘭本地的法國TF1或M6頻道，或是德國的RTL頻道。在每週播出的大型政論節目《執政的權利》（Pravo na Vladou）裡，可以看到政治大佬們彼此針鋒相對，但該頻道標榜的還是娛樂，於是1＋1買下了知名國際節目的製播權，包括：《烏克蘭好聲音》（Golos Krainy），即當地版本的《The Voice》，還有《與星共舞》的競賽節目。其中二〇〇六年的冠軍就是澤倫斯基，他身著搶眼的粉紅色喇叭褲西服，演出貓王歌曲〈藍色麂皮鞋〉。

澤倫斯基和他的九五街區喜劇團，因為在Inter頻道的綜藝節目上表演歌舞而出名，該頻道又與親俄寡頭德米特羅・菲爾塔什（Dmytro Firtash）的關係密切。二〇一二年，劇團與科洛莫伊斯基簽約加入1+1電視台，隨即聲名大噪。澤倫斯基和他的劇團製作出一系列傑作，例如《晚間鄰里》（Vechirniy Kvartal）這個週末黃金時段節目，它結合了歌舞表演、喜劇和綜藝；還有《搞笑聯盟》（Liga Smekha），一個即興形式的短劇比賽，通常是在國內的劇場或大城市裡拍攝。九五街區工作室還製作影集，尤其知名的是《丈人丈母娘》（Svaty）；該劇以詼諧幽默的方式敘述二〇一〇年代初期，烏克蘭尋常百姓的家庭瑣事，並成為烏克蘭及俄羅斯最受歡迎的連續劇。

雖然電視不是伊霍爾．科洛莫伊斯基的主力業務，但他仍密切關注旗下新人子弟的表現。說實話，這位熱愛幽默的億萬富翁，本身就具備成為劇中人物的所有條件。他的形象從來就不是西裝筆挺的生意人，而是個很有個性的搞笑咖，一張豐潤臉龐布滿修剪不齊的灰白鬍鬚。儘管坐擁巨大財富，他卻經常身著一件難看的T恤搭配毫不相稱的西裝外套亮相。

一九六三年，伊霍爾．科洛莫伊斯基出生於一個猶太家庭，地點是烏克蘭中東部大城，第聶伯羅彼得羅夫斯克（Dnipropetrovsk，二〇一六年更名為第聶伯羅），當地以航空和航天工業聞名。一九八五年，他從勃列日涅夫冶金學院畢業，獲得「冶煉爐熱工程和自動化」學位。正如歷史老師瓦西爾．戈洛博羅德科在劇中所言，科洛莫伊斯基是那些「只將他們該死的科學知識用來增加財富的數學天才」之一。

這個數學天才從一九九〇年代建立Privat集團（涉足銀行、石化、冶金、農業食品和航空運輸）開始，始終都保有蠻橫行事的獨特作風。蘇聯才剛解體，這些烏克蘭寡頭隨即瘋狂積累資本並與黑社會聯手——如果他們本身不是來自黑幫的話。尋仇算帳是家常便飯，而衝突往往是在街頭用機關槍解決。待財富穩當之後，他們會洗心革面，在西方最頂尖的公關公司建議下，投入慈善公益或收藏現代藝術作品。但這不是科洛莫伊斯基的作風，他保留了後蘇聯遠東地區的做事方法，將自己定位為一個粗俗和囂張的角色，有仇必報，面對敵手髒話連篇。

二〇一四年四月，頓巴斯爆發戰爭，俄羅斯扶持的分離主義運動奪取了斯洛維揚斯克（Sloviansk）、克拉馬托爾斯克、頓內次克和盧漢斯克等城市。烏克蘭新政府的元氣大傷，首要任務是想辦法保住東部的俄語大城市，因為俄羅斯也在當地試圖散布分離主義有毒思想，即其所謂的「俄羅斯之春」。臨時總統奧列克桑德・圖奇諾夫（Oleksandr

Tourtchinov）任命伊霍爾・科洛莫伊斯基擔任其家鄉省長，雙方達成了一項政治協議。科洛莫伊斯基被賦予的任務，是保住第聶伯羅彼得羅夫斯克州，將其置於烏克蘭政府的管轄下，驅逐城市裡的親俄人士，就算使用武力也在所不惜。

這位億萬富翁投入一千萬美元，建立介於警察隊和民族主義民兵之間的第聶伯羅第一大隊（Dnipro-1），其特點是雷厲風行和罔顧人權。根據其他消息來源，科洛莫伊斯基還金援其他的民族主義志願軍，如「頓巴斯」（Donbass）和「艾達爾」（Aidar）。在烏克蘭，政黨派系服膺形勢主義，來自第聶伯羅彼得羅夫斯克猶太社區重要成員的科洛莫伊斯基，於是毫不猶豫支持極右派民兵。其實自二〇一四年以來的全國選舉中，這些極右派政黨獲得的總票數就從未超過2%，在國會當中沒有席次。然而這些年來，俄羅斯的宣傳攻勢編造出一個烏克蘭被「法西斯軍政府」和新納粹分子所把持的迷思。科洛莫伊斯基一如既往咧嘴大笑，並穿上一件寫有「Judeo-Banderist」字眼的T恤，這個蘇聯時期所造的新詞結合了猶太人與斯捷潘・班傑拉（Stepan Bandera）；後者是一九四〇年代烏克蘭地下民族主義的爭議人物，曾與納粹合作，後來才起身反抗。

在治理第聶伯羅彼得羅夫斯克州的這一年裡，科洛莫伊斯基成功驅逐小型親俄運動，他的強力執法功不可沒：逮捕之後斬草除根，並與想要投靠俄國的貪腐民代達成協議，同時對黑道勢力施加壓力，於是普丁所期望的俄羅斯之春在該國東部的大多數城市裡只是曇花一現。科洛莫伊斯基被冠上支持廣場運動和親西方的寡頭標籤。但是對於這個無法無天，也沒有意識形態包袱的人來說，天底下可沒有白吃的午餐。科洛莫伊斯基唯一的信仰是他的生意，他打算藉由吞併新的資產在新的烏克蘭裡大撈一筆。

科洛莫伊斯基覺得自己如虎添翼。他在基輔的政府部門和最高拉達（議會）中安插自己的人馬，裡頭有數十名議員都是仰賴他的慷慨贈與而活。他長期控制UkrNafta和UkrTransNafta兩家國有石油公司，他不過是這兩家公司的小股東而已，然而，公司的董事會掌控在他手裡，讓他可以從中獲取大部分的利潤。科洛莫伊斯基和他的合夥人亨納迪・博霍利烏波夫（Hennady Boholioubov）擁有烏克蘭最大的銀行PrivatBank，其綠色招牌很容易辨識，多數烏克蘭民眾（計有兩千五百萬人）都有這間銀行的帳戶。

基輔當局感到事態不妙，國際貨幣基金組織（IMF）也很震驚。二〇一四年五月當選總統的彼得羅・波羅申科對科洛莫伊斯基的權力擴張感到憂心，第聶伯羅彼得羅夫斯克州正彌漫著一股新封建主義的氛圍。二〇一五年三月二十五日，波羅申科解除了他的州長職務，打算清理UkrTransNafta的門戶。科洛莫伊斯基一想到即將失去這棵搖錢樹就心有不甘，於是在二〇一五年三月二十三日，他派出一群「網球選手」占領位在基輔市中心的石油公司辦公室。這些人戴著頭罩、全副武裝，攜帶的衝鋒槍全藏在運動提袋裡。警方及時趕到，情況差一點就無法挽回。在國際貨幣基金組織的壓力下，PrivatBank在二〇一六年底進行國有化。據烏克蘭國家銀行前行長瓦萊莉亞·岡塔列娃（Valeria Gontareva）表示，科洛莫伊斯基和他的友人從銀行庫房運走了五十五億美元，相當於33%的儲戶存款，以及烏克蘭40%的準備貨幣和5%的國內生產總值！政府於是不得不挹注銀行多達五十九億美元的資金。

科洛莫伊斯基受到重創，司法單位也開始注意起這號人物。失去了UkrTransNafta石油公司，也意味著他不再把持烏克蘭年運輸一·一億噸石油的四千五百公里油管。科洛莫伊斯基開始流亡，有時現身以色列，有時出現在日內瓦，他在兩地都有房產。他向波羅申科宣戰，

1+1集團旗下頻道開始惡意攻擊這位當權總統。二〇一五年，波羅申科讓廣場世代的希望落空，埋葬了民眾所期待的反貪腐大改革，這件事波羅申科和他身邊的幕僚都難辭其咎。1+1的記者和喜劇演員於是對此大作文章。在九五街區製作公司的辦公室裡，澤倫斯基和編劇們則在創作即將成為《人民公僕》的內容。

幾個月的編寫，一個夏天的拍攝，《人民公僕》於二〇一五年十一月十六日在黃金時段粉墨登場，民眾非常捧場。然而，當時很少有人明白，《人民公僕》並不只是一個搞笑和賣萌的影集；事實上，它是個戰爭機器，是一個寡頭為了推翻另一個寡頭而引爆的手榴彈。

世紀搶票案

時間是二〇一八年十二月三十一日，烏克蘭人開始放聖誕假期。幾個月來，政治階層面對隔年四月的總統大選始終坐立不安。彼得羅・波羅申科的支持率不見起色，除了愛國和保守主義人士的基本盤之外，他完全無法贏得其他人的支持。二〇一六年，巴拿馬文件（Panama Papers）披露，他也曾利用離岸帳戶將財富窩藏海外。去年冬天，波羅申科和他的家人在馬爾地夫度假，短短幾天就花了五十萬美元。入秋以來，鍥而不捨的尤莉亞・季莫申科就一直動作頻頻：這位成天夢想成為總統的前總理，已經在首都各處貼滿了競選海報。她在民意調查中位居第二位，但是除了外省退休人士的基本盤之外，沒有人真的相信她會當選。烏克蘭正慢慢走向波羅申科和季莫申科的分庭抗禮，但卻沒人對此感到興奮，基輔彌漫絕望氣氛。

一如往常，九五街區喜劇班底在1＋1頻道的新年晚會上主持《晚間鄰里》的新年特別節目。傳統上，在午夜迎新倒數之前，烏克蘭總統會現身所有頻道，向人民獻上新年祝福。但是這一次，在科洛莫伊斯基的頻道上看不到波羅申科，取而代之的是身穿白襯衫走向鏡頭的沃洛基米爾．澤倫斯基。「面臨現在這種情況，烏克蘭人有三種選擇。」他向感到好笑又困惑的觀眾表示，「第一種，就是過好自己的生活，維持現狀，不用擔心，這是你的權利；第二種，收拾行李，去海外工作，賺錢寄回家給家人和親友，這也是很光彩的事；還有第三種選擇，從自身開始嘗試改變國家的某些東西，而我選擇了這條道路。這段時間以來，人們一直在問我：『那你到底決定了沒有？』現在，就在新年前的幾分鐘，我向各位承諾：親愛的烏克蘭民眾，我答應你們成為烏克蘭總統候選人。親愛的烏克蘭鄉親，我保證會當上總統。讓我們一起攜手努力。新年快樂！」

這段影片引發熱議，但搞笑成分居多。澤倫斯基的確是個明星，但是沒有人會把這個當班的諧星當回事，尤其是在當權派眼中。然而，訊息已經在空氣中傳遞開來。二〇一八年十二月，幾家民調機構將澤倫斯基參選的可能性納入調查問卷，令人驚訝的是有10%的人願意投票給他，讓這位喜劇演員在民調中排名第三。烏克蘭的政治民主而且有活力，有時很殘酷，但也會異想天開和別出心裁，插科打諢如同家常便飯。這一次，換人做做看的聲勢很明顯，因為還有42%的選民不知道該投票給誰。「我們的社會從來沒有對政治人物表達強烈支持，烏克蘭是個多元的社會，但卻一而再、再而三被政治所辜負。」拉祖姆科夫中心的政治學家維克多．扎米亞廷（Viktor Zamiatine）評論道。「這是件好事，代表我們的國家沒有父權專制的特點，而是有活力、有競爭，然而這並沒有為建立明確的政治藍圖奠定基礎。」

事實上，烏克蘭人正在尋找他們的新明星。他們在政治上經常感情用事而且永不滿足，渴望有個天命之人能夠出現。那年冬天，另一個名字引發人們的幻想：斯維亞托斯拉夫．瓦卡丘克（Svyatoslav Vakartchouk），Okean Elzy搖滾樂團的主唱。過去二十年來，所有烏克蘭人都對他的歌曲耳熟能詳。Okean Elzy對烏克蘭來說就像U2之於愛爾蘭，是烏克蘭音樂的DNA，而瓦卡丘克對自己的同胞來說，就像布魯斯・史普林斯汀（Bruce Springsteen）對美國人的號召力。這位歌手的機運成熟了嗎？他在民調中的得票率經常在5%至10%遊走，幾個寡頭低調地與他接觸，但是這個偶像有個缺點：他總是猶豫不決。瓦卡丘克一直在等待自己躍居民調的領先位置，但是這件事始終沒有發生。他錯失了反彈起來的球，最後是澤倫斯基撿到了球。

同一時間，《人民公僕》影集獲得了兩千萬名電視觀眾的青睞。第二季被改編成電影，吸引了八十萬人次觀影，是烏克蘭票房最高的國片。這些劇集在YouTube上有超過九千萬人次觀看，包括俄羅斯在內。二〇一八年，隨著大選前置工作逐漸到位以及不同候選人相繼出線，媒體透過試水溫民調的方式讓「澤倫斯基參選的傳聞」沸沸揚揚。競選活動終於起跑。二〇一九年一月，第一輪民調顯示澤倫斯基在即將到來的選舉中獲得12%的選票，排名第三。一個月後，他成為最受歡迎的候選人，超越波羅申科，有25%的選民願意投票給他。澤倫斯基和旗下團隊的過人之處，在於開展了一場非競選活動：這位喜劇演員繼續忙於演藝工作，出現在那些對選舉輕描淡寫，甚至是一帶而過的節目裡。外省的歌舞表演小酒館因為他而座無虛席。二月，他甚至開始拍攝《人民公僕》第三季，並排定三月在1＋1頻道的黃金時段中播出，時間就在選舉投票之前，反正沒有任何視聽法規可以加以規範。

《人民公僕》第三季開局即炮火四射：劇中虛構的總統戈洛博羅德科被篡位者賈娜．博里森科（影射尤莉亞．季莫申科）關進監獄。毫無底線的編劇群對當權派火力全開。「這是心狠手辣的民粹主義。」一位電視主持人怒吼道。期間，澤倫斯基沒有發表任何一次公開談話。「目睹波羅申科五年來的所作所為，我只能無言以對。」他向一位外交官坦言。三個月來，澤倫斯基抵制憤怒的烏克蘭媒體，也一概拒絕外國記者當面採訪的要求。

澤倫斯基的宣傳人員忙著在社群網站上發布短片。影片中，這位候選人完全不像是對手口中的鄉巴佬，而是大聲疾呼一些老生常談，例如：「我希望為我們的孩子建立一個更富裕和更純淨的烏克蘭。」澤倫斯基因此成為某種「嘴炮隊長」（Capitaine Évidence）——這是烏克蘭語和俄語都會使用的綽號，形容一個人白忙一場。他在Instagram上拋頭露面，這個大受歡迎的平台是這場反競選運動的核心。我們可以看到他出現在健身房、游泳池、車上或是會議室裡。在一段影片中，我們依稀瞭解到「『非常自由』的愛沙尼亞社會模式是他的靈感來源」。二月，澤倫斯基有兩百七十萬追隨者；四月上升到五百四十萬。相比之下，普丁在Instagram上的粉絲不到一百萬，馬克宏一百三十萬，杜魯道兩百九十萬，川普則有近一千三百萬。政治學家和澤倫斯基的競選主任德米特羅．拉祖姆科夫強調：「我們的挑戰是喚醒年輕人，號召他們去投票。」

政治學家米哈伊洛．米納科夫（Mykhailo Minakov）分析指出：「經歷五年的戰爭、犧牲和腐敗，許多烏克蘭人感到沮喪。他們拒絕維持現狀，認為本劇的名字已經成為政治宣言，而主角至少好過殘酷的政治現實。」二〇一九年三月，參選的澤倫斯基同意與六名外國媒體記者（《紐約時報》、《衛報》、《經濟學人》、《明鏡》、彭博社和本書其中一位作者）共進午餐。在一個小時的時間裡，他的態度非常親切，但是在經濟和政治議題上淨是老生常談，並主張由專家組成的技術官僚來治國……而當澤倫斯基開始談論自己時，立刻就成了一個很有意思的人。「我先向各位道歉，但我只是個商品。我創立自己的生產公司九五街區，它也在販售我這個人。時下的明星都是商品。」他坦然表示，「也許人們認為我和螢幕上的角色是同一個人，這是一件好事，因為《人民公僕》是我們國家的夢想。」他大聲回應說，「我們是不是在利用本劇?是的，那當然!十五年來，我產製訊息，自認是這個領域的專家，而且有能力在國家層級上將訊息傳遞出去。」

國際媒體惶恐不安，害怕一個小丑（如同新聞標題的斗大字眼），害怕一個法國人眼中的高祿奇（Coluche）或義大利人眼中的貝佩．格里洛（Beppe Grillo）可能會當上總統。「我無所謂，我不覺得受到冒犯。」他笑著說。那麼誰是他的榜樣?「有一個人我非常欣賞，那就是艾曼紐．馬克宏。」澤倫斯基率真表示，「我很喜歡馬克宏的形象，我覺得我們有某種共同點，不僅是外在形象，還有看待世界的觀點。我真的很想見見他……」

競選團隊中出現了一張臉：安德里．博格丹（Andriy Bogdan），效力伊霍爾．科洛莫伊斯基的商業律師。在澤倫斯基當選後，這個爭議人物成了總統辦公室的第一任幕僚長，職位與副總統相當。在接受《新時代》（Novoe Vremya，或稱NV）週刊政治記者克莉絲汀娜・伯丁斯基（Kristina Berdynskykh）採訪時，安德里・博格丹解釋說，正是因為《人民公僕》的成功，科洛莫伊斯基的圈子裡才產生讓澤倫斯基參選的想法。說不定這樣的念頭早就已經存在於這齣情境喜劇的構想裡？無論如何，在播出的兩年中，「《人民公僕》為烏克蘭人帶來了希望」，這是一個他們想要聽到的故事。安德里・博格丹說：「澤倫斯基沒有向任何人承諾什麼，但是每個人都在指望他。一般來說，我們烏克蘭的政治伎倆在於戰略家灌輸社會大眾該如何思考，但是我們反其道而行，傾聽人們在廚房裡的閒話，並在競選活動中投射出他們內心的想法。」

但是烏克蘭人究竟想要什麼？那就是肅清國家的貪腐禍害、約束寡頭的不良影響，同時終結正在撕裂烏克蘭東部的戰爭。三月三十一日，澤倫斯基在第一輪投票中贏得30%的選票，現任總統彼得羅・波羅申科的得票率為16%，尤莉亞・季莫申科為13%。在兩輪投票之間，澤倫斯基下定決心與他的頭號對手進行辯論，並將兩強對決演繹成一場馬戲表演：他邀請波羅申科在擁有八萬個座位的基輔奧林匹克體育場進行公開辯論，並使出渾身解數。澤倫斯基毫不畏懼，他要求現任總統在辯論前先行驗血，證明他沒有吸毒，波羅申科接受了。在體育場上，兩人號召了自己的支持者。沒有人記得辯論的內容，那根本無關緊要，但是每個人都會記得當時的陣仗和排場。等到兩位候選人面對面，雙方的針鋒相對讓澤倫斯基占盡上風，就像大衛迎戰歌利亞。面對這位自信的巧克力大亨，演員出身的澤倫斯基妙語如珠，令大家拍案叫絕。「我就是你的判決書！」澤倫斯基對目瞪口呆的波羅申科喊道，後者知道自己大勢已去。儘管有廣場革命，儘管他反抗俄羅斯，儘管他推動了一些結構性的改革，整頓了天然氣產業，還下放了權力……這一切都不重要了！瓦西爾．戈洛博羅德科想要摧毀寡頭勢力，首先就是波羅申科的勢力。過去這幾個星期，澤倫斯基反倒對其他寡頭手下留情。

二〇一九年四月二十一日，澤倫斯基以73%的得票率當選為烏克蘭總統，就在他的投影分身戈洛博羅德科以67%選票獲選為烏克蘭夢之國領袖的四年之後。現實已經追上了虛構。著名歷史學家、利維夫、天主教大學名譽教授雅羅斯拉夫．赫里扎克（Yaroslav Hrytsak）對數位進犯現實感到擔憂，但將之形容為大選的廣場革命：「二〇一〇年，維克多．亞努科維奇當選時，我覺得烏克蘭是一架被強盜挾持的飛機。」他寫道：「到了二〇一九年，它則像是一艘被駭客入侵系統的船艦。」

第三章・九五街區

生於蘇聯

在克里維耶里（Kryvyi Rih）這個沒有中心的城市，或者說有數個中心的城市裡，有一整排由十幾層樓房組成的建築，屬於烏克蘭東部典型的工業大都市，是前蘇聯甚至遠及海參崴常見建築樣板的在地化變體。整個建築採用了蘇聯野蠻主義（brutalisme）風格：立方體造型，如同沒有顏色的樂高積木，有稜有角，單調地點綴了幾扇以墨線對齊的小窗戶。外部材料極盡冷硬，古老的米色和棕色瓷磚覆蓋了部分外牆。這座建築碩大無朋、毫無節制，被暱稱為螞蟻窩，彷彿這裡的居民想要打臉一九七〇年代的建築師，藐視他們將居住者捧向天空，而將蘇聯公民貶低到最單純的處境：一個淹沒在群體中的無名小卒。

從頂樓可以看到克里沃里扎爾（Kryvorizhstal）的煙囪，它是世界上最大的鋼鐵廠之一，總之是烏克蘭最大的鋼鐵廠：一間集煉鐵和金屬冶煉於一體的巨大工廠。有時煙霧是灰色的，其他時候則是紅色或黑色，或者是三色並陳。於是，天空沾染上了灰褐色彩，頗有表現主義的風格。面對這些推動工廠運轉的勞工階級，蘇聯的都市規劃專家理論上非常貼心，絲毫不吝於提供廣場和綠地，而這些綠地過去應該更加蒼翠碧綠。公共廣場上的柏油路因為歲月的重量和缺乏維護而隆起。在一張黑白照片中，一個名叫弗拉迪米爾（Vladimir）的小男孩坐在自行車上，與社區的一位金髮男孩合影，他們的年齡應該不超過十歲。弗拉迪米爾滿臉笑容，我們有時仍能在烏克蘭總統臉上認出那樣的笑容：總是在尋找如珠妙語，準備好逮到機會，開個無傷大雅的玩笑。

一九七八年一月二十五日，沃洛基米爾．澤倫斯基——當時大家還是用他名字的俄語拼寫來稱呼——出生在這個灰色單調的城市，當時這裡仍叫做克里沃伊羅格（Kryvoï Rog），父母是猶太裔的科學家。他的童年主要都是在這個名不見經傳的宿舍鎮度過，當局索性只用一個數字來加以表示：九五街區。這一帶是經過納粹占領及蹂躪之後在一九五〇年代重建的，位於加加林街和冶金師大道之間。就和其他的黑白舊照一樣，我們可以感受到沃洛基米爾的父母對自己獨生子的寵愛：他穿著漂亮的衣服，隱約帶點西方風格，格子襯衫搭配剪裁講究的背心，他甚至還穿著球鞋呢！這副打扮讓他看起來像個乖巧的男孩，全身乾淨整潔。我們也在瓦西爾・戈洛博羅德科的角色中偶然發現了這一點，因為劇中的母親總是在他前往學校上課之前幫他熨燙襯衫。

澤倫斯基一家處處體現著模範蘇聯家庭的模樣，聽話、誠實並忠於國家。弗拉迪米爾的母親里瑪・弗拉迪米爾娜・澤連斯卡（Rimma Vladimirna Zelenska）是一名受過訓練的工程師；父親亞歷山大・謝苗諾維奇・澤倫斯基（Alexander Semyonovitch Zelensky）是數學家、科學博士、教授和克里維耶里國立經濟和科技大學資訊網路系的系主任。身為該領域的專家，他曾在蒙古的額爾登特（Erdenet）工作了二十年，身分是參與銅礦開採和加工廠建設的專員。沃洛基米爾也因此在額爾登特度過四年時光，並進入當地的預備班，然後回到克里維耶里的九五號中學就讀。就像所有接受蘇聯教育的孩子一樣，他參加了各種活動：特別是希臘羅馬式摔跤和舉重，他對運動的愛好一路陪伴著他，因為當上總統後，他很喜歡在Instagram上發布健身房的自拍。他集郵、彈鋼琴、學習交際舞、打籃球，只要他的小個頭不構成障礙的話，而且他還開始彈奏吉他。

在如此因循守舊的蘇維埃社會裡，這是個幾乎零缺點的家庭。在當時，強調自己的猶太血統並不是個好主意，因為自從一九五三年在史達林時期爆發「白袍刺客陰謀」以來，反猶太主義已經成為一個根深蒂固的事實。在烏克蘭，從第二次世界大戰中倖存下來的猶太家庭為了不被旁人注意，願意不惜一切代價，就算得因此隱姓埋名也在所不惜。澤倫斯基在二〇二〇年表示：「我來自於一九八〇年代一個典型的猶太好家庭。」他強調自己的父母並不信教，「因為宗教在蘇聯體制中並不存在。」二〇一九年三月底，法國製作人伯納德－亨利．列維（Bernard-Henri Lévy）在兩輪總統選舉之間來到基輔見澤倫斯基。當列維問起他的猶太人身分時，澤倫斯基避重就輕，「我是猶太人這件事，在我長長的缺點清單上只勉強排進第二十名。」他斷然回應。

當人們獲悉在二〇一九年，烏克蘭是世界上唯二擁有兩位猶太領導人（另一個是以色列）——分別是即將卸任的總理沃洛基米爾．赫羅伊斯曼（Volodymyr Hroïsman）和新任總統沃洛基米爾．澤倫斯基——的國家時，這段插曲自然變得十分耐人尋味。俄羅斯針對烏克蘭「法西斯軍政府」當權的宣傳，自二〇一四年以來一直如火如荼。二〇二二年二月，普丁以需要「去納粹化」將入侵烏國領土合理化的同時，也掩蓋了一個事實：二〇一九年，一位通曉俄語的年輕猶太裔烏克蘭人以73%的得票率當選總統，而他的族裔和宗教背景完全沒有構成問題，就連在烏克蘭民族主義運動中也毫無疑慮。

澤倫斯基當選後，對自己的家世背景十分低調，只用印象派的手法簡單帶過。在偉大的衛國戰爭期間，有七百萬烏克蘭人在蘇維埃軍隊中作戰，然而只有不到兩萬人加入納粹的國防軍或黨衛隊。斯捷潘·班傑拉的烏克蘭起義軍（UPA）是烏克蘭民族主義組織（OUN）的武裝分支，總共有十萬人，他們曾與納粹合作過一段時間，後來才轉而反抗納粹和蘇聯[4]。面對克里姆林宮對這段複雜歷史的曲解，澤倫斯基只回應以一個簡單的家族往事：他的祖父謝苗·澤倫斯基（Semyon Zelensky）曾兩度被授予紅星勳章，而他的曾祖父和三個曾叔父則是被納粹敢死隊（Einsatzgruppen）一槍轟頭斃命。

一九八〇年代，這位烏克蘭未來的領導人尚未成年，克里維耶里民生凋敝，放眼望去只是一片綿延六十七公里的巨大勞工宿舍，輕而易舉就成為歐洲最長的市鎮！十九世紀以來，因陋就簡且雜亂無章的城市開發，一直在這世界上最大的鐵礦盆地中沿著礦井外圍進行。克里維耶里最初是一個經濟移民屯墾的據點，吸引來自俄羅斯帝國各地的失業人口，一直到一九二〇年代才成為一座城市，並在史達林五年計畫的推動下飛速發展。在一九四一至一九四四年德國占領期間，這座城市遭到大規模摧毀，但在戰後恢復了繁榮，成為蘇聯最大的採礦據點之一。蘇聯幾乎一半的鐵礦石都是從這裡開採出來的。

烏克蘭東南部有兩個經濟盆地，具有與克里維耶里類似的社會性質

4. 請參考：謝爾希．浦洛基（Serhii Plokhy），《烏克蘭：從帝國邊疆到獨立民族，追尋自我的荊棘之路》（The Gates of Europe），Allen Lane 出版（台灣為聯經出版），二〇一五年，二八二至二八四頁。

和繁榮條件：頓內次克周圍的頓巴斯及當地煤礦、克里維耶里外圍的克里巴斯（Kryvbass）及當地的鐵礦和冶金業，還有位於兩者之間的扎波羅熱（Zaporijjia），它是聚集冶金和汽車產業的巨大工業區。在這些人口密集的無產階級據點，農村居民放棄了烏克蘭語，進入工廠異口同聲擁抱俄語。在這些地方，「赤色公民教化」這種共同的俄語文化蓬勃發展，將烏克蘭人的身分認同局限在村莊和偏鄉裡。面對蘇維埃政權的壓迫，烏克蘭的民族意識就悄悄在這些地方代代相傳。

克里維耶里這塊位於中歐和俄羅斯邊境的土地，還受到另一層歷史和文化的底蘊所薰陶：對扎波羅熱哥薩克人的懷念。這些自由的戰士和嫻熟的航海家在第聶伯河惡水中的一座小島上，建立了他們的首都要塞，塞契（Sitch），就在現代扎波羅熱的所在地。他們在靠近西部的英古勒斯河（Ingoulets）畔建立了一處貿易站，十八世紀，克里維耶里在這裡發展起來。原本務農的哥薩克人為了逃避波蘭領主的奴役而成為傭兵，他們建立起烏克蘭的民族意識，最重視自由的概念，並發展出一個橫向、甚至是具有民主雛形的獨特政治組織。根據這個組織，只要酋長（hetman）不能說服他們，基層的戰士就可以在集會（vishé）將之罷免。一七七五年，俄國女皇凱瑟琳二世征服了哥薩克人，摧毀了塞契和哥薩克酋長國，而後者算是第一個前現代的烏克蘭國家。熱愛自由的烏克蘭人或多或少都有自覺，所以後來二〇一四年在獨立廣場上重建了一處塞契，並在那裡舉行集會，揭開了親俄總統維克多・亞努科維奇下台的序幕。

澤倫斯基的個人經歷就在這兩種記憶的交匯處，立足於瓜分鼎峙的土地上，在民族、文化和語言交雜的地方。美國歷史學家提摩西・斯奈德（Timothy Snyder）在關於歐洲這一地區的精采著作裡，曾描述了這片「血色土地」，澤倫斯基就在那裡長大。一九三三到一九五三年期間，該地區出現了兩個彼此碰撞的極權主義：史達林主義和納粹主義。烏克蘭中部和南部經歷的兩場現代悲劇，至今仍令烏克蘭人心有餘悸。首先是烏克蘭大饑荒（Holodomor），它是由史達林在一九三二和一九三三年引發的人為飢荒，目的是為了資助工業化，但也是為了消滅烏克蘭農民，即烏克蘭民族意識的搖籃。在這段期間，有四百萬到七百萬人死於飢餓，烏克蘭國內將其定調為蘇聯發動的種族滅絕，加上對烏克蘭知識階級的徹底消滅。除此之外，還有納粹開槍屠殺猶太人。在這場浩劫中，納粹因為懶得射殺克里維耶里的猶太兒童，索性將他們活活扔進鐵礦井裡。

在群雄夾縫中，在奠基和紛擾的歷史淬鍊中，現代烏克蘭的身分認同慢慢沉澱出多元面貌。克里維耶里地處多種世界、時期和影響的交界：位於烏克蘭中心的某個地方。它如今面向著波蘭，而曾經它面向的是俄羅斯，以及由黑海鄂圖曼帝國東側領土所孕育的南部大草原。雖然歷史上莫斯科將烏克蘭視為「小俄羅斯」（Malorossiya），但第聶伯羅地區第二大城市克里維耶里則是克里姆林宮在二〇一四年所考慮的新俄羅斯（Novorossiya）中心。這一實體延續了十八世紀的概念，將烏克蘭俄語區集結在一起，成為俄羅斯帝國的延伸，不僅有頓巴斯，還包括了哈爾基夫、第聶伯羅、扎波羅熱、赫爾松（Kherson）、米科拉耶夫（Mykolaïv），當然也包括敖德薩。對普丁來說，控制這些地區和它們的靈魂有其必要。二〇一六年，這位克里姆林宮的主人對地理系的學生表示，「俄羅斯的邊界永無止境。」對他來說，克里維耶里就是俄羅斯，烏克蘭人和俄羅斯人同屬一個民族，而基輔是俄羅斯城市之母。普丁準備好讓這個神話重生，用坦克大炮要人背書，如同二〇〇八年的喬治亞、二〇一四年的頓巴斯，以及從二月二十四日上午五時四十五分起算的整個烏克蘭……

一九九〇年代末期，澤倫斯基距離這些需要操心的事情還很遠。他當時還是個小男孩，試圖在宿舍社區的叢林裡蹭出一條道路。自一九八〇年代中期開始，這座衰敗的工業城市一直遭受幫派火併的蹂躪，使得當地成為前蘇聯數一數二的犯罪溫床。「跑者之戰」這種特殊現象在克里維耶里方興未艾：數群虛無主義青少年之間發生前所未有的暴力衝突，他們帶著槍支、手榴彈和匕首突襲敵對幫派，然後逃之夭夭。短短幾年，就有二十八名青少年在這場流氓戰爭中遭到殺害，還有兩千多人受傷。「逃跑者既不是左派，也不是右派；既不是無政府主義者，也不是新納粹分子。這一切不過是純粹的極端暴力，克里維耶里正在經歷《發條橘子》的時代。」記者薩繆爾・普羅斯庫亞科夫（Samuil Proskouryakov）表示。他來自克里維耶里，長期研究這一現象。

「克里維耶里是一個犯罪、暴力的城市，而我們，我們看起來跟其他男孩不同，更像是搖滾樂手。」澤倫斯基年輕時的友人瓦迪姆・佩雷維利耶夫（Vadim Pereverziev）表示，「我和沃瓦（Vova，沃洛基米爾的俄語暱稱）是在高中的英語課上認識的，因為一起抽菸而成為朋友。」瓦迪姆回憶說，「然後我們組了一支搖滾樂團，翻唱披頭四、老鷹和Kino樂團的歌曲。」在烏克蘭政治轉型後的幾年裡，每個人都拿起吉他翻唱神話天團Kino主唱維克多．崔（Viktor Tsoï）的金曲。他的歌曲〈改變〉在二〇一一年底的莫斯科博洛特納亞廣場大規模抗議期間再次被傳唱，原因是民眾不滿議會選舉的做票行為，於是這首歌曲在前蘇聯的疆域裡，已經成為抗議專制政權的國歌。但是從那些年開始，澤倫斯基反倒是對美國加州的饒舌歌手MC哈默喜愛有加，甚至到了癡迷的地步。他對MC哈默的歌曲滾瓜爛熟，而且還會模仿歌手的舞步。

一九九四年，澤倫斯基、佩雷維利耶夫和幾個十一年級（相當於高二）的朋友組成了一個業餘劇團。「它是如何運作的呢？首先，我們會進行腦力激盪，然後開始十分鐘的即興搞笑，題材百無禁忌。」佩雷維利耶夫解釋說，「幽默是一種抗議的形式，那些年經歷翻天覆地的變化，我們終於可以大聲說出在蘇聯時期從來不敢說的話。」唱歌、跳舞、開玩笑，總之就是生活啊！澤倫斯基和一群朋友們稱他們的劇團為「九五街區」，以他們長大的街區命名，主張用歡笑來逃避生活周遭的暴力。這些人當時並不知道，他們剛剛建立了後蘇聯世界最具影響力的視聽集團之一，並將帶領澤倫斯基一路問鼎總統大位。

俄式搞笑

就在小三房加一廳的螞蟻窩公寓裡，澤倫斯基的諧星志願逐漸成形。「沃瓦那時就有領導人的架式，是劇團的動力，總是會主動採取行動，而且當時他就已經是個工作狂，我的生活中很少有這樣的人。」佩雷維利耶夫回憶道。二〇二二年，他仍在九五街區劇團擔任編劇。這群高中死黨後來進入克里維耶里的法律學院就讀，但是他們投入劇團演出的時間遠比學習法律條文的時間多得多。澤倫斯基和這群朋友把目標放在參加蘇聯和政治轉型期間最著名的電視競賽節目《KVN》，並著手籌組代表他們市鎮的隊伍。一群人在澤倫斯基家客廳的舊沙發上或掛有粉色窗簾的小廚房裡，進行編寫和排演。

KVN是Kloub Veselykh i Nakhodtchivykh（風趣鬼才俱樂部）的首字母縮寫，於一九六一年由莫斯科電視台製播，當時正值赫魯雪夫領導的後史達林主義解凍時期，而蘇聯領導高層確信剛剛出現的電視觀眾群需要得到一些娛樂。節目的概念很簡單：參賽隊伍通常是來自大專院校，特別是來自理工科系的隊伍，他們透過即興幽默短劇的方式來回答問題，彼此一較高下。這類型節目在一九六〇年代風靡一時。一九七一年，在列昂尼德．勃列日涅夫和共產黨領導下的蘇聯沉痾難起，《KVN》遭到停播，但卻在蘇聯人民心中留下美好回憶。一九八六年，在戈巴契夫推動經濟和社會改革初期，節目獲得重啟。從波羅的海國家到中亞地區，當然還包括俄羅斯，所有共和國都擁有自己的參賽團隊。一九九一年蘇聯解體後，節目仍持續製播，克里姆林宮利用該節目在俄羅斯境外的成功來維繫其文化吸引力。《KVN》成了軟實力工具，即使各國之間的政治紐帶已經斷裂，仍成功營造出同屬一個世界，即「俄羅斯世界」的歸屬感。

一九九七年，澤倫斯基和幾個朋友成立了自己的隊伍，名為扎波羅熱·克里沃伊羅格·轉運隊，是扎波羅熱州立醫學研究所和克里沃伊羅格龐克合併而成的隊伍。這支新隊伍很快就引發熱議，並確立自己是烏克蘭最優秀隊伍的地位。「一九九八年，我們受邀前往索契參加《KVN》冠軍賽，與全球三百支優秀隊伍互相較量，我們使出了渾身解數。」瓦迪姆·佩雷維利耶夫打趣說。來自克里維耶里的男孩們與來自聖彼得堡的KVN隊明星成員一決高下，雙方在莫斯科的攝影機前你來我往。佩雷維利耶夫表示：「我們所有人都是來自藍領階級的小鎮，一群貧窮的孩子，只要看我們的衣著就知道了。我認為我們是最好的隊伍，總之沃瓦（澤倫斯基）的表現最好。」澤倫斯基還不算是扎波羅熱・克里沃伊羅格・轉運隊的老大，但他很快就成立了一支隊伍並擔任隊長，隊伍名稱也叫九五街區。在隊長澤倫斯基的領導下，克里維耶里的快樂夥伴晉級了節目的甲級聯賽。該節目以等級區分的競賽系統可比足球錦標賽。

二〇〇二年，九五街區在《KVN》的大型競賽中進入四強。澤倫斯基和他的朋友們在莫斯科一間公寓裡住了一段時間，並在獨立國家國協的多數國家中打開知名度。獨立國協是克里姆林宮為維持前蘇聯各共和國之間表面團結而建立的政府間政治組織，而《KVN》有點像是搞笑版的獨立國協。九五街區有很多點子，但在二〇〇三年，一群人決定前往基輔去實現這些想法，因為當地的視聽生態體系正脫離莫斯科獨立發展。於是九五街區前進烏克蘭首都闖蕩。在這條路上，澤倫斯基忘了完成他的法律學業，也不會成為他所想像的律師，但他很快就發展出生意人的敏銳天賦。

第一次在俄羅斯電視上露面時，澤倫斯基就表現出他的舞蹈天賦，但更突出的是他與生俱來的搞笑才能。二〇〇一年，在一齣名叫《天生舞棍》的短劇中，這位未來總統做出一連串舞蹈動作，包括扭扭舞、法國康康舞、《天鵝湖》芭蕾以及高加索的傳統舞步，這段表演至今令人記憶猶新。他身穿緊身皮褲和黑色緊身T恤，以飛快速度完成這場令人歎為觀止的演出。《KVN》的觀眾雀躍歡呼，女士們把臉埋在丈夫肩膀上壓抑笑聲，丈夫們則在一邊拍打著大腿。

《天生舞棍》毫不猶豫把玩笑開到褲腰帶以下，打破了《KVN》既有的成規和習慣，緊繃的皮褲褲襠似乎總能在演出時發揮效果。在《KVN》登台的諧星生涯和後來的發展中，澤倫斯基毫不遲疑祭出腥羶幽默：掉下來的褲子、充滿暗示的前後搖擺、引人發噱的扭腰擺臀。有一天，澤倫斯基坐在一架鋼琴後面，詮釋傳統猶太人的形象，但長褲落到了腳踝上，雙手則高舉空中。性的暗示當然不是這個地區所獨有，不過當時它是俄羅斯流行文化和後蘇維埃時期烏克蘭式幽默所共享的語言。彼時，這兩個世界的差異還很小，兩國都收看同樣的節目，像是《Pole Choudes》（字面意思是奇蹟領域，類似節目《財富之輪》），觀賞同樣的電影，聽同樣的搖滾歌曲（以Kino為首）、流行音樂和歌舞音樂。

對普丁來說，蘇聯的垮台是「二十世紀最大的地緣政治浩劫」，而他為了重建俄羅斯帝國，任何手段都在所不惜。這位來自德勒斯登的前克格勃特務向來不以幽默感著稱，但是二〇一一年他卻現身俄羅斯一間攝影棚，慶祝《KVN》五十歲生日。這樣的安排絕非毫無盤算，在《KVN》的加持下，如今獨立各國的喜劇團隊仍持續來到莫斯科尋求成功、知名度和利潤豐厚的合約。《KVN》宇宙是莫斯科謀劃其地緣政治願景的一種方式，將它塑造成一個既定的事實，烙印在後蘇聯共和國數百萬公民的腦海裡。

二〇〇四年的冠軍是來自阿布哈茲（Abkhazie）首都蘇呼米州立大學的隊伍。阿布哈茲是一九九三年在俄羅斯軍事支持下，從喬治亞分離出來但未獲承認的共和國。為了確保阿布哈茲能夠贏得勝利，《KVN》節目高層把最好的編劇群交給他們使用，同一時間克里姆林宮則發起了一場運動，向位於黑海旁的該省居民發送俄羅斯護照，為將來入侵喬治亞做準備。在莫斯科眼中，電視節目是實現政治目標的武器，二〇一四年的頓巴斯事件，以及洗腦俄羅斯民眾來為二〇二二年二月入侵烏克蘭做好準備的伎倆，都不約而同證明了這一點。

莫斯科背負的成規和背景包袱，成為啟發澤倫斯基和九五街區工作室幽默DNA的靈感來源。提拔澤倫斯基等人的製作人不是俄羅斯人就是烏克蘭人，但這些人都曾在莫斯科的攝影棚工作，或是曾為俄羅斯的電視台效力。從二〇〇〇年開始，烏克蘭語在基輔越來越普及，另一種文化背景正在形成。烏克蘭的語言也不乏幽默，但是它更含蓄、更抒情，與文學的世界聯繫在一起。搞笑也是一種政治武器，但是澤倫斯基和他以KVN分身所開的玩笑，開始引發烏國知識青年的不滿，他們渴望的是其他模式。「我以前回家的時候，每個週末都會和父母坐在公寓的沙發上看澤倫斯基表演。」三十五歲的資訊工程師伊利亞・科茲列夫（Ilya Kozyrev）表示：「當時很有趣、也很顛覆傳統，但是漸漸地，短劇的水準開始下降，而且一度變得十分低劣粗俗。」自然而然地，九五街區工作室觀眾的平均年齡開始上升；一九九〇年代的年輕人漸漸生出白髮，但仍繼續支持這群快樂夥伴，藉此懷念過去的美好時光。

九五街區工作室定期推出的短劇在基輔或利維夫引發不滿，而後者當地的烏克蘭身分認同可不是拿來調侃的。有些人永遠不會原諒澤倫斯基團隊對大饑荒所開的一個可疑玩笑，而且他們還曾把烏克蘭比作德國的一位色情片女演員。二〇一三年十二月，就在金鵰部隊（Berkout，維克多．亞努科維奇總統執政時的特種警察部隊）在廣場運動開始暴打數百名學生之後，這群快樂夥伴想知道的卻是用示威者的背擦拭警棍會不會產生靜電。

澤倫斯基首先是一個時代和一個地區的產物：一九九〇和二〇〇〇年代在烏克蘭的東南部。當時烏克蘭與鄰國俄羅斯的關係仍然十分緊密，但是講俄語的東烏克蘭卻與講烏克蘭語的西烏克蘭無法溝通。俄烏跨國家庭不計其數，兩國經濟市場緊密相連，俄羅斯及其政治謀臣在基輔仍有強大的影響力。後來，澤倫斯基有時還會為此致歉，但是在廣場革命後的幾年裡，一部分保守派或歐洲自由派輿論無法原諒他的不知分寸，同時也拒絕一個親俄小丑坐上總統大位。

不過，九五街區工作室的幽默從來都不是真正的親俄，他們嘲笑俄羅斯的短劇不勝枚舉。在二〇一八年俄羅斯總統大選期間，這群喜劇演員表示：「唯一的懸念是二〇一八年的普丁是否會比二〇一二年的普丁獲得更多的選票。」烏克蘭自獨立以來，電視節目的特點是豐富多元和言論自由，這與俄羅斯在普丁當選後所形成的模式截然不同。如今，這兩個社會各走各的路，一去不復返。但是，澤倫斯基來自一個俄烏兩國透過螢幕和表演場地進行交流的世界：澤倫斯基流行音樂圈的好友們在明斯克、莫斯科和聖彼得堡巡迴演出，夏天則前往克里米亞的海灘夜店表演。二〇一四年，在小綠人（沒有軍銜的俄羅斯士兵）吞併克里米亞半島之後，另一場悲劇的要件也逐漸在頓巴斯成熟，然而澤倫斯基卻縱容自己做出驚人之舉：他在電視上聲稱自己準備好跪在普丁面前，乞求他不要攻打烏克蘭。這畫面將留在觀眾的腦海中並在後來重新出土，特別是當雙方準備在二〇一九年十二月進行首次會晤的時候。

決裂

時間來到二〇二二年三月二十七日。一個多月來，烏克蘭一直在頑強抵抗俄羅斯的侵略。總統沃洛基米爾．澤倫斯基在Zoom上接受五位俄國知名反對派記者的長篇採訪，他們已經流亡了幾個星期。澤倫斯基不再以玩笑口吻對俄國的公民喊話，而是以交戰國的三軍統帥身分開口。他穿著後來成為經典的軍綠色短T，蓄著幾天未剃的鬍鬚。他的臉色蒼白，黑眼圈明顯。他不時把頭埋在掌心，同時繼續回答提問。長達一個半小時的採訪都是以他的母語俄語進行，儘管一夜未眠，但他沒有犯下任何邏輯上的錯誤，使用的詞彙也很精確。

然而，在少數情況下，這位來自克里耶維里俄語家庭的總統還是會忘詞。當談到馬立波（Marioupol）的人道災難時，俄語的「藥品」一詞他竟然想不起來。「Liky……Liky……我們是怎麼說來著？」他向鏡頭外的發言人問道，「Lekartsvo。」後者輕聲提詞。澤倫斯基的忘詞令人不解：他怎麼會忘記這麼簡單的一個俄語單詞？這位演員是否想讓俄羅斯人民明白，他現在對他們來說是個外國人？或者只是戰爭令他感到疲憊？一位知名的烏克蘭政治記者當被問到這件事時，認為澤倫斯基並不是在演戲，他如今是百分之百的烏克蘭人，整天都在說烏克蘭語。現在已經不是二〇一九年競選期間，當時這位候選人會在健身房自拍，磕磕巴巴唸著烏克蘭語中最複雜的詞彙。

自從當上總統，澤倫斯基在公開場合只說烏克蘭語，他優先使用這門官方語言，除了極少數需要向俄羅斯人民喊話的情況。然而一直到二〇一九年，他對烏克蘭語的掌握仍差強人意，引發文人圈的冷嘲熱諷。雖然澤倫斯基曾在九五號中學學習烏克蘭語，但他在家中和職場上都是使用俄語。身為一名演員，他必須考慮使用烏克蘭語進行演出，於是請了語言專家奧列克桑德·阿夫拉緬科（Oleksandr Avramenko）進行一對一教學。老師回憶起這兩年面對著這個不受教的學生，他負責指導澤倫斯基學習民族詩人塔拉斯．舍甫琴科（Taras Chevtchenko）的語法。上課是在樓頂進行，桌上會擺著櫻桃，但澤倫斯基經常翹課，有時人間蒸發好幾個月。

二〇一八年十二月，九五街區工作室上檔了澤倫斯基的新片《我，你，他，她》。這是一部浪漫喜劇，而且首次獲得疑神疑鬼的烏克蘭國家電影局（Derjkino）提供的資金，但後者要求製片方使用烏克蘭語。澤倫斯基拿到了輔導金，但卻用俄語拍了這部作品，然後再配音成語焉不詳的烏克蘭語。劇中對白令影評們瞠目結舌，澤倫斯基則低調不予回應。但這部由澤倫斯基製作、澤倫斯基導演、澤倫斯基主演的作品，卻成了烏克蘭影史上最賺錢的一部電影。

俄羅斯的大外宣將烏克蘭描述成一個壓迫政權，國內禁止說俄語，並對頓巴斯人民實行「種族滅絕」政策。沒有什麼比這更離譜的了。許多社會學研究指出，烏克蘭有大約一半的人口在家中使用烏克蘭語，四分之一同時使用烏克蘭語和俄語，另外四分之一則只說俄語。三十年來，講烏克蘭語的人數增加了30%，使用這種語言的需求越來越多，於是烏國在二〇二一年規定平面媒體必須使用烏克蘭語，但是沒有禁止俄語，而且在全國各地，特別是在基輔，都還是可以聽到俄語。

然而，莫斯科不斷利用語言上的爭議，同時將其上綱成開戰的理由。就像歐洲的其他地方一樣，語言和它在公領域中的地位，一直是烏克蘭國內引發激辯的話題，但它絕不是導致種族或民族衝突的決定性因素。二〇二二年，普丁表示，若要簽訂終結烏俄戰爭的協議，烏克蘭就必須列入對境內俄語的「保護條款」。三月二十七日，澤倫斯基立刻用俄語加以回應：「在烏克蘭，我們想說什麼就說什麼，而且用任何語言都可以，所以請別再演了。如果您想要一所俄語學校，如果有人想用俄語上課，請開設一所私人學校，但有一個條件：您得和我們一起開設，我們和您一起開設。我們對俄語究竟採取什麼態度？這是您的語言，是俄羅斯聯邦的官方語言，一切都必須秉持公平的原則。請尊重我們，尊重我們的國家語言，烏克蘭語，如此而已，您沒必要說這是文盲的語言。」

當然，這也是克里姆林宮的藉口。根本問題是普丁拒絕承認烏克蘭以一個民族國家存在的權利。然而在獨立三十年後，第一次由沒有經歷過蘇聯時期世代所領導的烏克蘭，致力於創建一個超越種族或語言歸屬的包容性公民身分典範，以公民價值和借鑑歐洲價值的憲政愛國主義為核心，將人民團結在一起。另一方面，烏克蘭人民集體拒絕俄羅斯模式，包括它的獨裁主義、對人民的監督和長期的洗腦宣傳。二〇二二年二月二十二日，普丁發表了一次措詞空前暴力的談話，揭開了宣戰的序幕。他在談話中否認烏克蘭的存在，表示烏克蘭是列寧虛構的產物。他呼籲為了將來的子子孫孫，必須解決烏克蘭問題。但這根本無關語言問題，而是不折不扣地想要把一個國家從歐洲地圖上給剷除。

俄羅斯領導層的根本錯誤是把說俄語看作是親俄，甚至是認同自己是俄羅斯民族。克里姆林宮被蒙蔽了，沒有看清烏克蘭是歐洲雙語化程度最深的國家。二〇一四年廣場革命一個不為人知的事實，是烏克蘭東部地區年輕人對自己烏克蘭身分認同的覺醒，以及對統一的烏克蘭這個準則的集體認同，就算有時他們來自頓內次克或馬立波的祖父母仍緬懷著蘇維埃時代。

二〇一四年普丁將戰火帶到頓巴斯的土地上，然而此舉卻進一步鞏固了烏克蘭的民族感情，以及對自由的深切渴望。無論選擇什麼樣的生活，他們都想要透過歐洲的發展模式，放下所謂的語言隔閡來改善日常生活。這一點也可以解釋歐洲人在二〇二二年三月時所發現令人驚奇的一幕。當時，烏克蘭東南部的赫爾松和梅利托波爾（Melitopol）居民無所畏懼地集體走上街頭，不是為了用鮮花歡迎俄羅斯士兵，而是對他們大喊：「Domoĭ, domoĭ! Slava Ukraïni!」（回家去吧！回家去吧！榮耀屬於烏克蘭！）

對於澤倫斯基來說，雙方的決裂已深。「自二月二十四日以來，我們與俄羅斯聯邦的關係越來越糟糕，對俄羅斯人民的情感成分早已蕩然無存。」二〇二二年三月二十七日，他在Zoom上向五名俄羅斯記者坦言。自從戰爭爆發以來，情感面的衝擊使得那些自幼年就說俄語的大人們，從某天起就決定不再使用侵略者的語言。對於像澤倫斯基這樣的人來說，切斷與俄羅斯的關係無疑是他個人的轉捩點。二〇〇四年，九五街區工作室員工在辦公室裡發生爭執，其中有一半支持親歐的橘色革命，另一半則支持親俄羅斯的亞努科維奇。到了二〇一四年，風向已經完全改變：「這段期間，我們都成了基輔人。二〇一三年底廣場革命爆發時，所有人都支持廣場的民眾。」總統澤倫斯基身邊的一位人士透露。澤倫斯基在事發當時，似乎對廣場示威並不關心，始終保持著批判的距離，彷彿「尊嚴革命」的理想主義和暴力結局令他震驚。「不需要更多的廣場示威，這才是各位的期盼。」他後來經常會提起這句話。

但是俄羅斯不知收手，就連最後僅有的親俄烏克蘭人也因此倒戈。「二〇一四年，當境內的俄語區開始發生衝突時，大家都希望它會平息，希望這只是一場誤會。」二〇二二年三月二十七日，澤倫斯基告訴俄國記者，「這是我當時的理解。後來當上總統，我才明白必須採取一切行動來平息戰爭，但今天這不僅僅是一場戰爭。是的，看到俄國民眾對開戰的支持，我深感失望。是的，洗腦民眾確有其事，但說實話，這只是在找藉口，因為這不是單一事件造成的，衝突在烏克蘭已經持續了八年。」

二〇二二年的烏俄戰爭首先是一場悲劇，後來也是一次重要的歷史見證：俄羅斯是否能藉由對鄰國的擴大統治來重拾其帝國遺風？還是烏克蘭將崛起成為歐洲最年輕的民族國家，擺脫俄羅斯殖民的舊勢力，落實歐洲的法治模式來確保國民的經濟和社會發展？這個問題的關鍵之一就握在澤倫斯基手裡。他是一個出生在蘇聯的年輕人，受到「俄羅斯世界」所薰陶，是俄國改革開放時期的孩子，蘇聯解體時他只有十三歲，然後在獨立的烏克蘭長大成人。四十四歲的澤倫斯基是烏克蘭變革的象徵。

一九七八年出生在克里維耶里的九五街區，無論在地緣或心智上，他都是在俄烏的交接處成長。這意味著與俄國人擁有共同的記憶和體驗，同時承擔自己烏克蘭的身分認同；這意味著帶領自己的國家爭取自由，同時表明自己的哥薩克血統，一如烏克蘭國歌裡的貼切描寫。廣場革命八年後，沃洛基米爾·澤倫斯基或許就是帶領烏克蘭寫下歷史新頁的領導人。

第四章・面對寡頭政治

夜裡的訪客

二〇一八年十一月十四日，彼得羅・波羅申科的總統任期還剩下幾個月。深夜，從烏克蘭權力中心利普基（Lipki）的高處俯瞰，一輛黑色賓士駛入總統府的側門。這是一條低調的通道，穿過一棟老舊建築下的拱門，放眼四周景色，有油漆斑駁的電線桿、黃色的煤氣管和磨損嚴重的人行道，凹凸不平和坑坑巴巴的路面幾乎自帶某種魅力。二〇二二年烏俄戰爭期間，訪客也是從這處通道進入總統府。

在第一個後院裡，一個男人的身影走出了豪華轎車，胳膊下夾著一捆文件，身旁跟著一名隨扈。接著，他上了另外一輛車，一輛凌志SUV，許多烏克蘭有錢人都有的車款。隨後車輛沒有經過檢查就進入第二個內院。歡迎來到位於班科瓦街（Bankova）十一號的烏克蘭總統辦公室，它的主要入口位在另一側，在一條美觀的人行步道上，完全不對訪客開放，但是在沃洛基米爾・澤倫斯基當選後的第二天，這處主要入口將重新開放。

班科瓦宮是烏克蘭的總統府，一棟典型的蘇維埃風格建築，形體巨大，裝飾有成排令人難忘的白色列柱，建成於一九三六到一九三九年，原本是基輔軍區的總部。蘇聯成立時，布爾什維克在哈爾基夫建立了烏克蘭社會主義共和國的首府，後來在一九三四年搬遷到基輔。當時基輔美麗的街區處處可見史達林執政初期的宏偉建築，至今它們仍是權力的象徵。

兩個半小時後，這輛SUV離開了現場。記者發現，該車牌登記的其實是一輛Skoda Fabia，一款稱職的平民用車。在烏克蘭權力的廊道上，車輛的底細被刻意隱藏，以規避不安分的媒體鏡頭。這輛SUV駛入市街，停在總統府附近，一群身穿黑西裝、面露兇光的人圍著車輛往來穿梭，手指按在耳麥上。半小時後，黑色賓士也離開了班科瓦街，後車窗的窗簾遮擋了車上的乘客。

就像十八世紀一位顯赫貴族在謁見皇室顧問後坐上馬車離開羅浮宮一樣，賓士車跟上了SUV然後駛向遠方，後頭還跟著一支車隊，當然全數都是黑頭車。這一幕是《Schémas》的採訪小組拍攝到的，它是美國媒體公司自由歐洲電台（RFE/RL）烏克蘭分部所製作的一個調查節目，其王牌記者是米哈伊洛．特卡奇（Mykhailo Tkach），一位穿著高領毛衣的金髮男子，帶著刻苦軍人堅毅的神態。經過一次次的跟監調查，他已經成為所有貪腐政客和寡頭的眼中釘。米哈伊洛．特卡奇的專長是在夜間開車尾隨，後來也因此導致與澤倫斯基發生了一些摩擦和爭吵……

特卡奇和《Schémas》的調查團隊查出了今晚這位謹慎訪客的身分：瓦迪姆．斯托拉（Vadim Stolar），前總統維克多．亞努科維奇所創立親俄政黨——地區黨的前成員。照理說，瓦迪姆．斯托拉應該是屬於彼得羅．波羅申科的敵對陣營，但誰叫他是營建業的巨頭，和政治圈打交道是促進這個產業繁榮的必要條件。廣場革命四年後，當初從訴求國家改革的群眾運動中脫穎而出的總統，在深夜接待了一位在二〇一四年一月投票支持獨裁法案的議員，預告了幾週後導致上百名示威群眾喪生的鎮壓悲劇。烏克蘭人已經習慣這種三教九流的政治生態，也因此打從心裡對政治階級感到反感，而這一切都成了革命的養分。

人們目睹的淨是烏克蘭寡頭政治沒完沒了、眉來眼去的遊戲。波羅申科總統本身就是個寡頭，儘管他在二〇一四年五月順勢討好廣場的革命分子而選上總統，「美化」了那些在維克多．亞努科維奇獨裁和極端貪腐政權期間受到牽連的人員，毫不留情地打擊親俄人士，幫助烏克蘭

「去寡頭化」。四年後，波羅申科與瓦迪姆．斯托拉之流的爭議人物夜會，竟一點也不覺得尷尬。波羅申科雖然否認二〇一八年十一月十四日曾會晤任何人，但四年來，這位寡頭的話已毫無信用，許多烏克蘭人（和西方外交官）都不再相信他，波羅申科索性拒絕透露斯托拉當晚究竟見了誰。

《Schémas》編輯部幾個月來一直因為無法獲得總統辦公室的訪客登記簿而傷透腦筋，但照理說登記簿應該可公開查閱。的確如此，但不包括夜間訪客……「過去三十年來，烏克蘭總統的上班時間被區分為兩個時段。」歷經維克多．尤先科（Viktor Iouchtchenko，2005～2010）和彼得羅．波羅申科（2014～2019）兩位總統的前顧問解釋說，「白天的接見安排，它們都會正式登記在官方的訪客登記簿上，包括國會議員、各種組織的代表和企業家等，這些人都是在眾目睽睽之下從總統府大門進入；但也有夜間訪客，都是前來聯絡感情和交涉的寡頭。」

這位熟悉烏克蘭政治秘辛的消息人士強調,「不應該只用道德眼光來看待這個問題。」他表示,「這首先牽涉到政治勢力,國家元首有責任出面解決。當里納特·阿赫梅托夫或維克多·平措克,又或者是他們的手下進入總統府辦公室的時候,是為了告訴他——我的確曾親耳聽他們說:『如果你不給我稅務上的減免,如果你不修改這條法律,或者是如果你不簽署這道命令,我就會動員媒體來反對你,在我的媒體上誹謗你,然後解僱我公司旗下的數千名員工,一切後果由你總統來承擔。』」這就是烏克蘭式民主的現況,真實、競爭、富有生命力,但卻被貪腐和密室協商所敗壞。這也正是影集《人民公僕》想要呈現出來的政治樣貌,儘管有些人懷疑該劇的出資者也是一丘之貉。

在這樣的權力架構中,有個人扮演著關鍵角色:總統辦公室主任,這個職位在澤倫斯基當選時被更名為「總統辦公室幕僚長」。總統辦公室主任相當於總統的得力助手和準副總統（特別是在澤倫斯基執政時期），通常在寡頭圈裡有深厚人脈，甚至本身就是名寡頭。列昂尼德·庫奇馬（Leonid Koutchma，1994～2005）執政時，任命所屬的第聶伯羅彼得羅夫斯克派系的代表，來出任這一關鍵職位；維克多·亞努科維奇（2010～2014）則任命來自頓內次克的千萬富翁安德里·克留耶夫（Andriy Kliouïev），他與頓巴斯之王里納特·阿赫梅托夫關係密切，而後者曾是烏克蘭首富，其財富在二〇一三年達到一百五十億美元，之後由於該地區動盪的政治和軍事衝突而風光不再。

五十五歲的里納特·阿赫梅托夫是典型的烏克蘭寡頭，他的豪車隊伍曾多次被《Schémas》捕捉到進出總統府側門。他將金髮梳向一邊並搭配獵裝的造型，看起來頗有幾分英倫神韻。他甚至買下了倫敦海德公園旁，房價位居全球之冠的天價公寓。但可別被他摩登的裝束給矇蔽了，這位來自頓巴斯的礦工之子流著韃靼人和遜尼派穆斯林的血統，透過打牌以及與地方黑社會打交道而進入商界。一九九五年，就在素有頓內次克教父之稱的阿克哈特・布拉吉內（Akhat Braguine）被放在頓內次克礦工足球俱樂部體育場座位下的炸彈炸死之後，阿赫梅托夫就成為頓巴斯最有權勢的人物。次年，坐擁五億美元的烏國首富寡頭耶夫亨・謝爾班（Yevhen Shcherban）在頓內次克機場被一枚飛彈擊中座機而喪生，這起暗殺事件也進一步鞏固了阿赫梅托夫的地位。布拉吉內正在壯大的帝國，就這樣被貪婪的後進對手給瓜分[5]。里納特・阿赫梅托夫拒絕評論這起暗殺事件。後來，他取得了經常在歐洲冠軍聯賽中大放異彩的頓內次克礦工足球俱樂部的所有權，並開設一家銀行來撐起自己的工業帝國，也就是後來更名的系統資本管理公司（SCM）。這是一家控股公司，投資採礦和冶金、能源、電信、運輸、銀行、農業、房地產，當然還有媒體和政黨。

因此，總統辦公室幕僚長的職位比總理重要得多。在烏克蘭獨立史上的某些時期，該職位向來是由一位負責把關俄羅斯利益的人所出任。二〇〇二至二〇〇五年，列昂尼德・庫奇馬總統執政期間就是這種情況。他十分重視與莫斯科保持良好關係，任命了維克多・梅德韋丘克（Viktor Medvedtchouk），並在後來成了普丁的心腹和他在烏克蘭的重要謀臣。

在二〇一〇到二〇一三年期間，維克多・亞努科維奇總統出於相同原因，安排了謝爾希・利奧沃甚金（Serhiy Lyovochkine）出任總統府主任，他是寡頭德米特羅・菲爾塔什的生意夥伴。菲爾塔什從前是位消防員，後來成為俄羅斯和烏克蘭天然氣貿易的關鍵人物，部分原因是

5. 請見紀錄片《繼承人》（L' Héritier），導演：邁可森・加米涅夫（Maksim Kamenev）和奧列克桑德・科漢（Oleksandr Kokhan），Hromadske TV，二〇二〇年。

他與俄羅斯黑幫的淵源。據路透社報導[6]，俄羅斯天然氣工業股份公司（Gazprom）針對向俄購進天然氣所給予菲爾塔什的回扣，為後者帶來超過三十億美元的進帳。他還利用這筆錢資助維克多．亞努科維奇臭名遠播的地區黨，為普丁的利益把關。利奧沃甚金和菲爾塔什還把持了Inter電視台，它是烏克蘭最重要的頻道之一，走的是親俄的編輯路線，觀眾可以在該頻道上收看大量有關第二次世界大戰的俄羅斯電視電影……正是因為Inter這個頻道，澤倫斯基才有機會在烏克蘭的電視螢幕上初試啼聲，有段時間他還成了節目部的負責人。後來，他在二〇一二年與伊霍爾．科洛莫伊斯基的1+1頻道簽約，與合夥人一起賺進了大把鈔票。

澤倫斯基這位演員和未來的烏國總統經營著一家頗具野心的製作公司九五街區，並開展多元化業務，包括製作影集、動畫並承接公關活動。他對這些寡頭來說絕對不是陌生人，儘管在他們眼中澤倫斯基只是個小丑，就像那些被雇來在遊艇或別墅裡高歌一晚的流行歌手。在為人民服務之前，澤倫斯基是在為寡頭服務，寡頭也不吝於慷慨回報，與他簽訂了金額有好幾個零的合約，讓他不僅家喻戶曉，同時也變得富有。澤倫斯基不是寡頭，但是他願意在寡頭的家裡表演，例如有天晚上，他就在亞努科維奇總統和他到訪一晚的賓客——俄羅斯總理梅德維傑夫（Dmitry Medvedev）面前搞笑演出。

礙事的科洛莫伊斯基

照片中的氣氛很嚴肅。二〇一九年九月十日，空氣似乎就要和總統

6. 史蒂芬・格列（Stephen Grey）、湯姆・貝爾金（Tom Bergin）、塞芙吉爾・穆薩耶娃（Sevgil Musaieva）、羅曼・阿寧（Roman Anin）撰稿，〈普丁盟友暗助烏克蘭寡頭數十億美元〉（Putin's allies channelled billions to Ukraine oligarch），路透社，二〇一四年十一月二十六日。

辦公室裡的氣氛一樣沉重。酒瓶綠的俱樂部沙發、牆上的帷幔、「仿帝國」鍍金風格的家具和門扇，這裡像極了黨的辦公室，淨是後蘇聯時期的庸俗品味。與會者全都穿著襯衫，決定不打領帶。總統沃洛基米爾．澤倫斯基、他當時的總理，年輕的改革派奧列克西．貢恰魯克和能源部長奧列克西．爾澤爾（Oleksiy Orjel）的面前都有一紙文件，就放在鑲木桌上，但是伊霍爾．科洛莫伊斯基面前沒有東西。

顯然，總統幕僚並不打算將這次與科洛莫伊斯基的工作會議公諸於世，但這裡是烏克蘭，秘密從來不會保守太久。從現場某些人低垂的眼眸可以察覺到一絲尷尬，另外有些人的臉上則僵著笑容，背後的原因是烏克蘭政界傳出了質疑的雜音：澤倫斯基是不是科洛莫伊斯基的傀儡？這位寡頭在波羅申科時代結束後流亡到以色列和瑞士，結果這位喜劇演員才當選沒幾天，他就大張旗鼓地返回基輔。調查記者使出渾身解數，查出在當選前幾個月，澤倫斯基和他最親近的幾位合夥人曾多次飛往台拉維夫和日內瓦，當時這位寡頭就在這些地方。

為了秉持公開透明，總統府公布了照片。官方表示，當天會議僅止於討論「烏克蘭的經貿現況」和「能源產業」。模糊籠統的說法反而啟人疑竇……幾天之後，總統又透露了更多的內情，表示當天的議程討論了兩項競選承諾：禁止寡頭壟斷和降低公用事業費率。如果科洛莫伊斯基真的是專程來談這些事情的話，反觀圈子裡的其他寡頭，卻從來沒有人這麼做過。這一切聽起來實在太扯，沒有人相信，雙方一定談了其他更重要的事情。

媒體很快就挖出了真相：伊霍爾．科洛莫伊斯基是前來和新的執政團隊討論烏克蘭國有電力公司（Tsentrenergo）未來的發展，這是一家在批發市場上出售電力的國有火力發電公司。科洛莫伊斯基處心積慮想讓自己在尼科波爾和扎波羅熱的鐵合金工廠有更便宜的電力可以使用。專家米哈伊爾・岡察爾（Mikhaïl Gonchar）告訴我們說：「這件事引發他大肆抨擊烏克蘭頭號寡頭里納特・阿赫梅托夫，因為後者旗下的DTEK公司支配了整個電力產業。」

結果，九月十日的總統府會議讓人更加懷疑澤倫斯基是否有意願和能力打破寡頭政治，這也是烏克蘭人當初投票給他的原因之一。的確，他在上任後就在政府中任命了幾位改革派人物，比如年僅三十五歲的總理奧列克西・貢恰魯克：他是一位思想現代的商務律師，多年來因為領導BRDO（優化法規執行辦公室）而備受矚目。該機構主要負責降低貪腐程度，無論是在政府行政部門還是在私部門。但這個與影集同名為「人民公僕」的總統新政黨，也任命了安德里・赫魯斯（Andriy Herus）擔任議會能源、住宅和社區服務委員會的主席，而大家都懷疑這位反貪運動人士是受僱於科洛莫伊斯基，目的是以專業知識為幌子來打擊里納特・阿赫梅托夫的聲譽。

儘管澤倫斯基當選烏克蘭總統，伊霍爾．科洛莫伊斯基功不可沒，但他明白新任總統很快就會必須，或是想要自力更生，然後面對國內其他寡頭的巴結。這張照片的曝光正好鞏固了科洛莫伊斯基的地位：根據既定的遊戲規則，每個人都應當服從第聶伯羅的寡頭，那何不就延續以前的規矩呢？如果澤倫斯基對科洛莫伊斯基言聽計從，就像亞努科維奇曾那樣依賴阿赫梅托夫，那麼科洛莫伊斯基就有機會安插他的棋子，在檢察長辦公室、法院，還有烏克蘭不為人知的一千零一個政府機構裡，負責調控煤炭、電力的價格，並蠻橫開出天文數字罰款，來懲罰在烏克蘭這個罔顧生態的國家裡出現的任何違反環保法規的行為，更重要的是決定能夠加以壟斷的經濟產業。

科洛莫伊斯基心花怒放，眼看就能消滅其他競爭對手。他把波羅申科一腳踢開，夢想染指那些仍在他手掌心之外的半國營產業。整個基輔人心惶惶，他的宿敵開始向他殷勤獻媚。二〇一九年九月，維克多・平措克向科洛莫伊斯基輸誠，讓他現身YES（雅爾達歐洲戰略）論壇。現場冠蓋雲集，烏克蘭力圖打造自己的達沃斯峰會。前總統列昂尼德・庫奇馬的女婿平措克，每年都會邀請國際政商名流造訪基輔：比爾・柯林頓（Bill Clinton）、東尼・布萊爾（Tony Blair）、安諾斯・福格・拉斯穆森（Anders Fogh Rasmussen）等，就連多米尼克・史特勞斯・卡恩（Dominique Strauss-Kahn）和伯納德-亨利・列維也有專屬的餐巾環。國際媒體的明星們來到這裡瞭解烏克蘭的現況。那一年，科洛莫伊斯基喜上眉梢，向來寡言的他竟接受了一次又一次的採訪，一句又一句地放言高論。他可能認為自己坐穩了權力的寶座，從此無所不能。

事實上，伊霍爾・科洛莫伊斯基只有一個目的：奪回前總統波羅申科在二〇一六年進行國有化的Privat銀行，或者至少獲得天價賠償，而且最好是美元現鈔。澤倫斯基在記者會上被問到相關問題時，態度閃躲且措詞矛盾，整個人侷促不安。壓力山大，澤倫斯基並沒有完全單飛，還是得看1＋1老闆的臉色，但是烏克蘭的經濟困頓，十分依賴國際出資者，特別是國際貨幣基金組織（IMF），其中美國更是主要的出資方，而且正在考慮借給烏克蘭五十億美元，這約莫就是科洛莫伊斯基和他的同夥們夢想從Privat銀行討回的賠償金額。國際貨幣基金組織和美方彷彿預見這筆貸款將會進到科洛莫伊斯基的口袋裡，於是感到惴惴不安。

澤倫斯基於是陷入兩難境地：應該實現競選貴人的復仇欲望？還是服從國際社會的指揮？畢竟烏克蘭自獨立以來，國際社會每隔一段時間就會援助烏國的經濟。國際貨幣基金的專家代表團前後多次訪問基輔，烏國媒體每一次都加以密切關注，試圖解讀華盛頓訪客的每一則聲明。「整頓你們的銀行業，我們就會放款。」美方的具體訊息似乎就是如此，其背後含義是：確保我們的數十億資金不會落入科洛莫伊斯基的手裡。澤倫斯基的團隊搖擺不定，尋找解決方案並試圖兩面討好：說服這位任性的寡頭改變主張，同時遊說國際夥伴不要小題大作，但是一直到烏克蘭的經濟再也撐不下去為止，還是完全行不通。

二〇二〇年五月十三日，在烏克蘭最高拉達裡，以澤倫斯基總統為首的人民公僕黨國會多數，在總統要求下通過反科洛莫伊斯基法案：這是個為了對抗第聶伯羅寡頭的野心而專門起草的法案。它實質上規定不得將陷入財務困境的銀行歸還其前持有者。Privat銀行風波至此結案，它仍是國營銀行。幾小時後，國際貨幣基金同意向烏克蘭發放該國亟需的五十億美元貸款。

澤倫斯基剛剛做出他任內的第一個重大決定：傀儡自行切斷了連接他與操偶師的繩子——外頭的閒言閒語都是這麼形容。澤倫斯基和科洛莫伊斯基之間的決裂似乎已成定局，這位年輕的總統終於重獲自由。

漸漸地，這位寡頭在烏克蘭的經濟體系中失去影響力，被排除在烏克蘭國有電力公司的體制之外，而他安插擔任政府要職的人馬也一個接一個地遭到解僱。美國司法單位對科洛莫伊斯基提起訴訟，呼籲烏克蘭領導人和與該寡頭有牽連的有毒人物劃清界線。1＋1仍持續播放九五街區工作室的節目，澤倫斯基當然不在陣容當中，但這名烏國第三號寡頭越來越看不慣他的前子弟兵，即現任總統的所作所為。

去寡頭化？

正是在二〇一九年九月十日接見伊霍爾．科洛莫伊斯基的這間辦公室裡，沃洛基米爾．澤倫斯基難掩尷尬地粉墨登場，於二〇二一年十一月五日簽署並頒布了萬眾矚目的《反寡頭法》。這次的照片十分講究，是由一支公關團隊操刀的專業作品，而不是一張偷拍照。本法全文叫做《防止具有重大經濟和政治分量的人士在公共事務中因過度影響力而對國家安全造成威脅之法》：落落長的迂迴說法只是為了描述寡頭二字！澤倫斯基在推特上發布簽署法案的照片，並附上一段烏克蘭短文：「民主就是法律和平等。我已經簽署了一項反寡頭政治的法案，從根本上扭轉大企業和政治人物之間的關係。今後，所有的經濟參與者在法律面前一律平等，不能再以金錢換取政治特權。法律不容任何人違反！」此外，本法還規定要編纂一本《寡頭名冊》，符合某些財富標準以及在特定資產（如電視台）上持有相當資產占比的人物都將被列入其中。這個名冊的用意是什麼？烏克蘭的富豪們萬萬不想名列其中，也不會想被冠上寡頭這樣一個不光彩的名號；或者如果他們已經在名冊中，也會想要被排除在外。因此，幾個小時之後，前總統波羅申科就出售了他擁有的兩家電視台。

問題是這項法案只是個討好民意的傑作，幾乎窒礙難行，甚至還可能深化寡頭政治，或者更糟，創造出一個聽命於統治者的寡頭生態。澤倫斯基在試圖討好美國、歐盟和國際貨幣基金的同時，下令起草這一法案以兌現競選承諾。他所採取的方法可能博得民眾好感，因為訴求的是將寡頭造冊，防止他們「購買政治特權」。從這個角度來看，它的目的只是為了公開羞辱一個在後蘇聯社會中受到仇視的階級，此舉接近用民意來公審。

事實上，許多烏克蘭政治的觀察家擔心在履行競選承諾的幌子下，總統澤倫斯基其實是為了鞏固自己的權力。「真正能夠限制烏克蘭寡頭權力的措施大家都知道，就是司法獨立、強化反壟斷法規和政府監管、改革公部門的治理、取消大企業的賦稅優惠、提高媒體金流的透明度。結果總統辦公室竟刻意以模糊立法來反對寡頭，其中沒有任何可以限制寡頭影響力的客觀標準。不僅如此，它還授權由總統親自任命的國家安全和國防委員會來負責判斷誰是寡頭，而後者必須服從持有媒體的規範或是參與國家政治事務的限制。」自由派親歐反對小黨Holos（聲音黨）議員奇拉．魯迪克（Kira Roudik）在一篇立論有據的分析中遺憾表示[7]。

儘管如此，該法還是在堪比情境喜劇的議事討論中獲得通過，但這不是戲劇而是現實，因為烏克蘭的政治和議會生態光怪陸離、不著邊際，充滿各種偏激場面，往往與電視節目無異，是不折不扣的混亂失控！不過多數民眾的眼睛都是雪亮的。烏克蘭人平時忙於工作，對於終於兌現的選舉承諾感到滿意全都只是表象。記者米哈伊洛．特卡奇的調查影片持續擁有高人氣，瀏覽次數達到數萬次。在抨擊波羅申科多年之後，這名記者有了新的眼中釘——澤倫斯基和他在九五街區工作室的合夥人們。總統的生意夥伴謝爾希．謝菲爾（Serhiy Chéfir）成為總統特助；九五街區工作室的會計師和律師伊凡．巴卡諾夫（Ivan Bakanov）成為烏克蘭特務部門SBU的強勢頭子。更引人注意的是前電影製片人和澤倫斯基的友人安德里．葉爾馬克，他後來當上總統辦公室的第二任幕僚長，許多人不是把他看作正牌總統，就至少是第二位總統……

米哈伊洛·特卡奇揭露他在調查中的發現，原來澤倫斯基的兒時友人謝爾希·謝菲爾專門負責與寡頭打交道。米哈伊洛·特卡奇在夜晚的基輔街頭跟蹤謝菲爾的黑頭車，一路跟到里納特·阿赫梅托夫一處住所的大門口。謝爾希·謝菲爾是總統和寡頭之間的中間人，烏克蘭政治因此就像個騙傻瓜的劇場。寡頭們佯裝憤怒，但卻深知本法不會改變任何東西，甚至可以幫助某些寡頭平息批評聲浪，然後繼續他們的生意，一如往常。

在總統任期的頭兩年裡，澤倫斯基這條小魚已經學會了在鯊魚塘裡

7.〈烏克蘭反寡頭法：澤倫斯基總統的民粹式擴權？〉，大西洋理事會（Atlantic Council），二〇二一年十一月五日。

泅游。他出色的公關技巧是主要優勢：對他來說，賣什麼東西並不重要，重要的是你要如何賣。在當上總統之後，澤倫斯基在某種程度上放棄了Instagram，決定給自己換上一個更正式的形象。他現在主要使用總統府網站進行交流，並在臉書或YouTube上轉發影片。在歐洲，很少有國家元首能將視覺傳播的準則掌握得如此到位。不得不說，澤倫斯基的幕僚，也就是他身邊的六名顧問，每一位都是視聽製作方面的專業人士！在強悍的安德里．葉爾馬克的背後，有一幫屬於澤倫斯基集團的年輕顧問，例如《人民公僕》編劇之一的尤里．科斯秋克（Youriy Kostyuouk）就成為總統優秀講稿的文膽；負責總統府「大項目」的凱里洛．季莫申科（Kyrylo Timochenko）也身兼GoodMedia這家製作影片內容的公關公司負責人。據估計，在二〇一九年大選後的幾個月裡，九五街區工作室有三十多名員工進入執政圈、總統府辦公室和議會當中，也因此遭受徇私舞弊和任人唯親的指控。

但澤倫斯基躲過了這些攻擊。他已經學會控制自己的情緒、在公開場合的反應以及與記者之間的（棘手）關係。他富有新意的公關團隊想出了類似於驚喜派對的記者會，舉辦場地都十分別出心裁。二〇一九年十月，澤倫斯基在基輔阿森納區一家潮流餐廳舉辦「採訪馬拉松」活動。期間，他在餐桌上接待數百名記者，前後長達十四個小時，直到筋疲力盡，並寫下新的世界紀錄！這位沒有經驗的候選人很快就成為一位精明幹練的政治家，有能耐對政敵和批評人士的攻擊如數奉還。

第五章 • 和普丁和解？

《新明斯克協議》，否則免談

一聲冷笑，「我不認識這個人，但希望有一天可以和他見面。顯然，他在自己的領域是很出色的專家，是名優秀的演員（現場傳來笑聲）。我是認真的，結果你們當笑話。」不過就是個小丑嘛！二〇一九年六月七日，在聖彼得堡國際經濟論壇上，面對包括中國國家主席習近平在內的各界人士，弗拉迪米爾・普丁挖苦他新上任的烏克蘭同事，引起了大家的注意。他坐在台上一張舒適的沙發椅上，準備好向聽眾拋出他要說的爛笑話。他的嘴角先是牽起一抹微笑，笑彈既出，他便隨著冷靜計算的笑聲節奏晃動他衰老的身體。

當然，在俄羅斯，大家都認識沃洛基米爾・澤倫斯基。俄國民眾看了很多他的影集和電影，而且也好奇地關注這位演員在政壇上的崛起。

普丁過去非常厭惡彼得羅·波羅申科，而且樂此不疲。後者被俄羅斯人形容成民族主義和軍國主義領導人，形象天生就令人反感。克里姆林宮的領導班子一開始不知道該如何看待澤倫斯基，如何理解這股熱潮。他們對他沒有把握：他在媒體上說的俄語比烏克蘭語多，不是很崇尚民族主義，人們也不太清楚他對全球大事有什麼高見。俄羅斯電視台同樣不知道該用什麼立場來看待這位前演員。

如同在聖彼得堡論壇上的輕佻態度，普丁大概認定自己可以輕易對付澤倫斯基，但這位克里姆林宮主人馬上碰到了問題。就在雙方於現實生活中第一次見面時，這位小丑竟稱職地表現出一位領導人的風範。過去幾個月來，雙方透過聲明你來我往，藉此掂量對方，一直要等到二〇一九年十二月九日在巴黎愛麗舍宮的「諾曼第模式」峰會上，才真正見到了彼此。會議召集了烏克蘭、俄羅斯、法國和德國的領導人，為二〇一四年四月延燒至今的頓巴斯戰爭尋找解決之道。距離上一次召開諾曼第峰會已經時隔三年，馬克宏和梅克爾將監督澤倫斯基和普丁之間備受矚目的首次交鋒，畢竟前者的頭號競選承諾就是尋求和平。一場馬拉松會議即將在法國首都開跑，氣氛緊張、天氣陰鬱，黃背心運動癱瘓了整個巴黎。

在進入愛麗舍宮的台階上，烏克蘭總統和俄羅斯總統相繼受到東道主的歡迎。為了這場重要的外交大事，法國還擺出了豪華陣仗：法蘭西禁衛軍。他們戴著裝飾黑色馬鬃和紅色羽翎的頭盔，手裡握著軍刀，壯盛排場讓不習慣共和君主制傳統的烏克蘭記者留下深刻印象！在相機此起彼落的快門聲中，馬克宏和其他與會領導人熱情擁抱，試圖營造一些融洽氣氛。下午三點，當峰會在金碧輝煌的穆拉廳正式展開時，現場氣氛就和巴黎的街道一樣冰冷。普丁的目光閃躲，千方百計想要避免與澤倫斯基對視。澤倫斯基十分專注，看起來相當疲憊，他的步態一反常態，略帶急促、有時僵硬，彷彿這位新任總統還無法完全擺脫之前喜劇演員的身分。

馬拉松會議起跑，持續到午夜時分才結束。全基輔的政治和媒體界都專程前來。九個小時的討論中，在深鎖的大門外，烏克蘭代表團與法國、俄羅斯、德國和國際媒體共處一室，用小點心餵飽自己，灌下好幾升咖啡，大家開始臆測會議的結果。對烏方來說，有個問題幾天來一直令觀察家們感到困擾和焦慮：澤倫斯基能否勝任這一任務？還是會被比他更有經驗的普丁生吞活剝？畢竟俄國在頓巴斯地區處於優勢地位。另外，他是否會被梅克爾和馬克宏利用，因為兩人都急於找到該地區的和平解方？

澤倫斯基走在鋼索上。即使有四分之三的烏國人民投票給他，他在國內還是得面對「25%」的激進反對勢力，即投票給彼得羅・波羅申科的民族自由主義和愛國主義幫眾。這些人最擔心這位「親俄小丑」（激進對手有時會這樣稱呼他）會出賣國家利益。基輔自入秋以來，一場名為「反對投降」的運動開始在街頭延燒。絕大多數的烏克蘭人渴望和平，但拒絕接受俄羅斯的條件，因為這將危及國家的主權，並賦予頓內次克和盧漢斯克分離主義地區自治地位，使得它們成為俄羅斯在烏國領土上的特洛伊木馬。

烏克蘭媒體界和電視圈的名人都特地來到現場，但他們還是感到非常不安，千方百計打聽會議進展。「怎麼樣，他表現得如何？不會太差勁吧？」一位記者詢問烏克蘭強勢的內政部長阿森．阿瓦科夫（Arsen Avakov）。接近午夜時分，沸騰的情緒蔓延到穆拉廳四周。澤倫斯基的顧問們穿過廳堂，從講台前方走過，就像披頭四魚貫走過艾比路斑馬線一樣。幾分鐘後，法國、德國、烏克蘭和俄羅斯四位領導人出現在媒體面前，召開會後記者會。

澤倫斯基和普丁分別被安排在一張白色桌子的兩端，中間是梅克爾和馬克宏。法國總統在記者會前特別讚揚了「烏克蘭總統自當選以來，為了和平解決重創烏東地區的衝突，表現出了政治勇氣和決心」。在這一瞬間，隨行的烏克蘭記者們都嚇出了一身冷汗，擔心巴黎和柏林在會中向澤倫斯基施壓，要他接受三年前由德國前外長、現德意志聯邦共和國總統在二〇一七年提出的《史坦麥爾方案》（formule Steinmeier）。根據該方案，必須依照二〇一五年二月簽署的《新明斯克協議》第九點規定舉辦地方選舉，只要投票的進行和結果獲得歐洲安全與合作組織（OSCE）認定為「符合民主」，烏克蘭的體制框架就必須承認頓巴斯分離主義實體的自治地位。同時，根據《新明斯克協議》第十一點，俄羅斯必須在頓內次克和盧漢斯克地區落實非軍事化，並將俄烏邊境的控制權交還給邊境線另一側的烏克蘭人。

但在烏克蘭，沒有人願意接受《史坦麥爾方案》，認為這個解方是德國人強迫他們吞下的一帖苦藥，再說德國非常依賴俄國供應的天然氣，完全是被俄方牽著鼻子走。而頓巴斯的分離主義民兵已經消滅了所有的反對勢力，將頓內次克和盧漢斯克變成法治黑洞，成為克里姆林宮的傀儡。在這種情況下，基輔沒有人相信這場地方選舉會符合民主規範。面對俄國軍隊的進犯和普丁強大情報單位FSB的介入，這些地區如何遵守烏克蘭的選舉法規？在一百五十萬名平民被迫逃離頓巴斯的情況下，又該如何舉行選舉：他們能夠在自己的城市投票嗎？要如何確保他們的安全？柏林和巴黎希望不惜一切代價以外交途徑解決爭端，但烏克蘭人並不準備付出這樣的代價。

馬克宏和梅克爾相繼發言後，輪到澤倫斯基說話，他身穿黑色西裝，打著深藍色領帶，開口強調在這幾個小時的談判中，「他感受到所有烏克蘭人的支持」，這些都是他的後盾。桌子另一頭的普丁蹙起了眉頭，一副不耐煩的表情。烏克蘭總統很快就提及了問題的核心，關於《史坦麥爾方案》以及頓內次克和盧漢斯克領土的「特殊地位」：「有許多問題仍未解決，遺憾的是，我們今天也沒能找出解決方案，但是在未來一定得找出解決方案。」他身旁的其他領袖使勁地做著筆記。現場的烏克蘭媒體總算鬆了一口氣……澤倫斯基沒有出賣任何東西！

競選時的那位澤倫斯基已經離我們遠去，那位總統候選人已不復見！回想當時被問及如何解決頓巴斯衝突時，他只能提出一些模糊的說法：「必須停火」、「我要直視普丁的雙眼」。二〇一九年三月，在與國際媒體首次進行的實質採訪和交流中，當《經濟學人》記者諾亞・斯奈德問他打算做什麼來結束戰爭時，澤倫斯基大發雷霆，顧名思義地手足無措。這一幕讓這位當時無法進行戰略思考的候選人感到非常難堪，在一個半小時的採訪中，他只是向在場的記者強調自己的個性和溝通技巧，也就是他所認為的職責，可以幫助他贏得頓巴斯人民的支持。

澤倫斯基不得不學習危機處理和衝突管理，儘管他明顯對戰爭和暴力有一種發自內心的厭惡。在與本書其中一位作者的首次會面中，澤倫斯基刻意與廣場示威保持距離，這場革命的暴力程度似乎令他感到憂心；他的肢體語言和言談散發對流血的恐懼。在很長一段時間裡，澤倫斯基對前任總統向來不會有太過嚴厲的批評，即使各方抨擊後者選擇了民族主義的政治路線，因此是主戰的政黨。當選總統後，澤倫斯基前往頓巴斯，在戰壕裡視察，和士兵們一起喝羅宋湯，他終於可以體會數百萬同胞所經歷的悲劇。普丁對烏克蘭的盤算絕不是個可以等閒視之的空中樓閣，不是歌舞廳表演的裝腔作勢。

二〇一九年十二月九日，澤倫斯基終於明白他對人民的責任有多重大，也默默走上了死敵波羅申科的老路。二〇一五年二月十二日，波羅申科返回烏克蘭，他之所以沒有在最高拉達議員面前為《新明斯克協議》辯護，是因為德國人和法國人所堅持的這份協議對烏國人民來說太過沉重：那是槍桿子抵著烏克蘭人腦袋所簽下的。協議在白羅斯首都簽字通過，當時俄羅斯正規軍正在轟炸由烏克蘭軍隊駐守、位在頓巴斯地區的德巴爾切夫（Debaltseve）。對烏國政府來說，情況非常危急。在明斯克會議上，普丁對波羅申科出言不遜，威脅要「直接輾壓他的部隊[8]」。目睹這一幕的法國前總統歐蘭德後來揭露。《新明斯克協議》就是在這樣的背景下硬簽下去的，明顯違反了《維也納公約》第五十二條的精神[9]：「凡違反《聯合國憲章》所載國際法原則，以武力威脅或使用武力而訂立之條約，均屬無效。」

但除了法律層面外，就政治上來說，《新明斯克協議》在烏克蘭是行不通的。沒有任何一位烏克蘭總統——即使被俄羅斯收買、即使獲得最多民眾的選票——有能耐讓自己的同胞接受一個本質是將其主權拱手讓給莫斯科的協議。因為這些協議意圖要基輔接受聯邦化，這無疑是讓頓內次克和盧漢斯克這兩個傀儡實體，擁有對烏克蘭重大地緣戰略和安全方針的否決權。《新明斯克協議》因此剝奪了烏克蘭身為主權國家的地位，澤倫斯基對此心裡有數。

在狀況外的是普丁自己，還有那些同樣認為「最強者的權利」等同「現實主義」的所有歐洲及海外人士。普丁認為，他可以藉由強行通過《新明斯克協議》對烏克蘭領導高層施加難以承受的壓力，從而遂行其統治烏克蘭的意圖。然而，只把澤倫斯基當成小丑看的普丁，卻忽略了《人民公僕》不僅是一部情境喜劇的劇名，同時也傳達出烏克蘭獨特的政治文化。在烏克蘭，領袖必須服從人民；在這片土地上，哥薩克人於一七一〇年寫下了歐洲第一部民主憲法：《皮里普奧里克憲法》

8. 請見歐蘭德回憶錄《權力的啟示》（Les Leçons du pouvoir），巴黎，Stock 出版，二〇一八，第七十五頁。

9. 一九六九年的條約法公約，編纂了國與國締結條約的國際慣例，其完整名稱為《關於國家和國際組織間或國際組織相互間條約法的維也納公約》。

（Pylyp Orlyk）。總之，普丁無視澤倫斯基，也等於忽略了這股重要的力量：烏克蘭人民。二〇二二年二月，他將碰上這塊礙事的絆腳石……

引戰的歷史

二〇一九年六月，普丁在聖彼得堡論壇上將澤倫斯基貶低為諧星、小丑，此舉不過是為了否定他代表烏克蘭的權利和合法性。這位俄國總統的理由非常充分：他的國家不存在，或者應該說，無權存在。這是普丁的一個老毛病，總不忘在俄國報刊上發表沒完沒了的「考據」文章，或是在各種場合上發表長篇大論來加以佐證。

二〇二二年二月二十一日，普丁決定入侵烏克蘭。近一年來，他持續在邊境集結數以萬計的士兵。中午時分，在克里姆林宮聖凱瑟琳大廳雄偉的柱廊下，他召開了特別安全理事會（Soviet Biezopasnosti，簡稱

SovBez）。在會上，他要求部會首長和軍事單位主管討論一個他早已決定的問題：是否應該承認在二〇一四年部分軍事入侵烏克蘭期間，自行宣布獨立的頓內次克和盧漢斯克人民共和國？這不過是向烏克蘭發動全面戰爭的一個形式上的先決條件。幾個小時後，普丁發表長達五十六分鐘的電視談話[10]，內容匪夷所思、令人詫異，其中前十七分鐘（即全文的三分之一）是他對烏克蘭歷史看法的表述。

這位俄羅斯領導人身著黑色西裝，坐在辦公桌前。木作裝潢顏色深鬱，一旁放著成排乳白色的按鍵式電話機。普丁身後是俄羅斯聯邦的國旗，白色、藍色和紅色的橫條色塊，屬於傳統慣例，但右邊則豎立了帶有雙頭鷹和聖喬治屠龍紋章的帝國徽飾旗幟，擴張主義的象徵映入眼簾。在略顯浮誇的陳設中，普丁看起來似乎過得很不如意。他緊繃的嘴

10.《俄羅斯聯邦總統談話》，二〇二二年二月二十一日，Kremlin.ru。

唇暴露了他好戰的欲望，想要所有人都聽命於他。在簡短的開場中，他強調：「烏克蘭不僅僅是俄羅斯的一個鄰國，而且是其歷史、文化和信仰空間不可分割的一部分。」接著進入這次長篇談話的歷史部分：「自古以來……」

一般來說，我們會使用這樣的開頭來導入論證，目的是以古鑒今。但如同保羅．瓦萊里（Paul Valéry）所寫，「歷史解釋了我們的欲望，但嚴格說起來，它什麼都沒有教給我們，因為它包含了所有的例子，且毫無保留地給出所有的例子。」歷史的部分結束後，一般會進入到地理的篇章。在這個部分之前，普丁故作姿態，先刻意深吸一口氣，好讓大家都能夠聽仔細，如同前蘇聯領導層的習慣。對普丁來說，這是個表達「由衷」難過的方式，因為不得不向聽眾提到這個話題：「自古以來，生活在歷史上屬於俄羅斯土地西南部的人民，都自稱為俄羅斯人和東正教徒。」

談話已經定調，目的是解釋「俄羅斯行動背後的動機和我們追求的目標」。普丁繼續說下去，「我話先說在前頭，現代烏克蘭完全是由俄羅斯所創造；或者更確切地說，是由布爾什維克，即共產主義俄羅斯所創造。」普丁把蘇聯領導人貶低為共產主義俄羅斯的高層。然而，當面對喬治亞人表示自己只是被迫加入蘇聯時，普丁並沒有提出這種說法來加以反駁。面對這種情況，克里姆林宮的主人更傾向表示布爾什維克同為高加索人，是由史達林所領導。歷史果真是看人說話。

為了佐證烏克蘭不存在的論點，普丁認為錯在列寧，他「虧待了俄羅斯，割讓了歷史上屬於俄羅斯的土地」。但赫魯雪夫也有分，他在一九五四年「把克里米亞從俄羅斯分割出去」。然後，普丁又回顧了「蘇聯成立的初期」，布爾什維克領導人之間的分歧、民族主義問題，當然還有一九二二年的《蘇聯成立宣言》，以及一九八九年九月蘇共中央全會通過關於民族政策的可恥文件。普丁的胡說八道裡還穿插著關於國家形成、地方精英危害、經濟發展基本要素等饒富哲學意味的評論。

在這長篇累牘之中，普丁刻意迴避了在一九三〇年代大饑荒中，莫斯科對烏克蘭四百萬到七百萬受難者的責任。在談話裡，他肯定了壓迫烏克蘭愛國主義的史達林遺風，這股執念將所有創建和維繫烏克蘭人民共和國（1917～1921）的政治及文化精英趕盡殺絕，抹煞了創建獨立現代烏克蘭國家的首次嘗試。

普丁一點一滴堆砌出關於行政建制的看法，例如在烏克蘭，但也可能是喬治亞或是哈薩克斯坦。根據他的說法，它們都是「被賦予民族國家實體的實際地位和形式的行政單位」。簡而言之，它們不是合法國家，它們沒有權利存在，俄羅斯是迫於情勢才入侵烏克蘭。面對普丁的長篇論述，澤倫斯基次日僅用三言兩語回應說：「我們是偉大國家的偉大人民，我們和我們的國家沒有時間聆聽冗長的歷史課，所以我不會去談論過去，我只談論現況和未來。」在俄羅斯和烏克蘭之間，對世界和時間的兩種看法，在同一個地理空間裡相互對峙。

剩下的就是為這場戰爭辯護，而且千萬不可以稱呼它為戰爭。在歐威爾式的強勢語言中，普丁提及了「特別軍事行動」，然後使用一種前所未聞的修辭風格：據說烏克蘭是由「一幫吸毒者和新納粹分子」所統治，他們在頓巴斯對俄語社群犯下了「種族滅絕」的罪行。這番話在過去八年來，是俄羅斯媒體動不動就搬出檯面的說法，而且這種論調已經慢慢滲入某些歐洲人的腦袋。73%的烏克蘭人選出了一位猶太裔總統，從沒人覺得有哪裡不妥；這位總統的家族被納粹滅門；基輔是個街上說俄語人口比烏克蘭語還多的城市，而那些說俄語的烏克蘭人會對說俄語的人進行種族滅絕根本反智。凡此種種都不重要，反正俄羅斯大外宣不怕睜眼說瞎話。弗拉迪米爾．索洛維耶夫（Vladimir Soloviev）和奧爾加・斯卡貝耶娃（Olga Skabeïeva）等脫口秀主持人、《今日俄羅斯》新聞網老闆瑪格麗特・西蒙尼安（Margarita Simonian）、外交部長謝爾蓋・拉夫羅夫（Sergueï Lavrov）及俄羅斯駐外館處的人員、軍隊發言人伊果・科納申科夫（Igor Konachenkov），大家全都異口同聲表示：烏克蘭必須「去納粹化」。

將對手妖魔化創造了政治和心理條件，可以合理化任何進一步的軍事行動，同時合理化加諸對手的任何行為（無論多麼殘暴），反正對手的人性和生存權利都遭到了否定。普丁的談話算是失言嗎？不是，它只是延續了俄羅斯的傳統，即為了達到宣傳目的，將烏克蘭民族主義與激進主義、納粹主義畫上等號，原因是一九四一年，德軍占領西烏克蘭的頭幾個星期，有一小部分烏克蘭民族主義者與納粹妥協；也因為在一九四〇年代，烏克蘭對猶太人和波蘭人進行了種族清洗。雖然烏克蘭社會仍在慢慢接受這些歷史事實，但絕對沒有證據表明這個國家是由納粹分子在層峰所領導的。

然而，俄羅斯領導層多年來一致在重複這種論調。二〇〇八至二〇一二年擔任俄羅斯聯邦總統，並於後來出任總理及安全理事會副主席的梅德維傑夫即表示，「今天的烏克蘭激進分子是在學校裡養成的」，意味著烏克蘭人從小就是納粹分子。政客們的看法透過第一頻道的談話性節目及俄羅斯宣傳部門，在未經過濾的情況下被轉述和誇大，結果引發社會敵視khokhol（形容烏克蘭人的極端貶義詞）的氛圍。

事實上，烏克蘭極右派在全國選舉中的得票率幾乎沒有超過2%，而有些政黨的主張也是偏向保守的民族愛國主義，這是民主政治的常態。因此，我們所目睹的，是普丁正在構建一種官方意識形態，其基礎是他政權的合法性，因為他正在對抗絕對的邪惡——納粹主義。於是乎，巨大的宣傳機器無休止地讚美俄羅斯人民在第二次世界大戰期間的犧牲，無視包括烏克蘭在內其他蘇聯國家的奉獻。的確，蘇聯人民曾為了擊敗納粹主義付出慘痛代價，但在其歷史論調中，在普丁政權充分利用第二次世界大戰的同時，卻刻意迴避了像是一九三九年《德蘇條約》、瓜分波蘭和史達林主義暴行等細節。

在這種歷史論調的極端偏執背後，關鍵問題並不是國家安全，即北約在前蘇聯各共和國境內推進所帶來的威脅，而是俄羅斯當今政權的存續問題。在二月二十一日的電視談話中，一直要等到第三十四分鐘，普丁才首次說出了「北約」一詞；在剩下的三十九分鐘內，這個詞他重複說了四十遍。俄羅斯目前執政的理論家之一，迪莫菲・謝爾蓋耶夫透露了莫斯科反納粹口號的真正原因：「納粹化的現代烏克蘭特點在於無明確形體且模棱兩可，這使得納粹主義可以將自己偽裝成對獨立自主，對歐洲、西方和親美發展道路的渴望[11]。」這才是真正的問題：烏克蘭渴望歐洲，它在西方看到自己，而西方也可能反過來誘惑俄羅斯人民。

從虛張聲勢到入侵

二〇二一年四月初，烏克蘭邊境和頓巴斯四百五十七公里長的前線上，緊張情勢正在加劇。七年來，俄烏士兵在這場低強度但如假包換的戰爭中相互對峙，有時彼此相隔僅有幾十公尺，例如在有頓內次克門戶之稱的阿夫迪夫卡（Avdiivka）。二〇二〇年夏天，澤倫斯基宣布的停火，如今只是個模糊的記憶。衝突正在升高：所謂的分離主義勢力與俄羅斯兵力混雜在一起，並有計畫地派出狙擊手攻擊烏克蘭陣地。他們的戰略很簡單：擊斃烏克蘭士兵，挑釁烏國軍隊，使其以大陣仗的炮火反擊，好讓雙方的衝突升高，並將《新明斯克協議》和平進程的失敗歸咎在基輔頭上。

11.〈俄羅斯該如何對付烏克蘭〉（Ce que la Russie doit faire avec l' Ukraine），俄羅斯新聞社，二〇二二年四月三日。

於是，澤倫斯基前往頓巴斯。他再次穿上防彈背心，戴上鋼盔走上前線，訪視俄烏邊界和接觸線，走在烏克蘭陣地的泥濘戰壕中。二〇一九年初，有許多士兵無法接受一個沒有軍事經驗的喜劇演員成為他們的總司令。為了安撫官兵，澤倫斯基多次造訪軍營，與士兵共享羅宋湯，並用兩項利器來彌補他先天的不足：耐心和真誠。澤倫斯基和他的團隊都有相同的看法：國防部應該交給具有優秀管理經驗的平民，而不是委託給蘇聯培訓的高級將領。澤倫斯基按部就班安插自己的人馬，其中一位脫穎而出的是深受西方外交官讚賞的奧列克西．列茲尼科夫（Oleksiy Reznikov）。這位律師被委以重任，負責掌管臨時占領區的重新整合部，並在後來出任國防部長。

這次，情況一觸即發：莫斯科正在烏克蘭的門戶外部署數萬名士兵，據說是為了進行軍事演習。不到幾個星期，俄方就派遣了八萬名士兵。二〇〇八年，「高加索二〇〇八」（Kavkaz 2008）演習成為俄羅斯將整個師團部署在喬治亞北部的藉口，隨後在盛夏時節入侵喬治亞。在失去獲得莫斯科暗助的兩個分離主義地區阿布哈茲和南奧塞提亞（Ossétie du Sud）的控制權之後，喬治亞政府錯就錯在它只巴望著西方，希望得到北約的協助。當時，克里姆林宮已經指控喬治亞是個納粹國家，俄羅斯駭客攻擊喬治亞政府部會的網站，在首頁上放上一張米哈伊爾・薩卡什維利（Mikheil Saakachvili）總統蓄著希特勒邪惡小鬍子的照片。

同樣的情況會不會在烏克蘭重演？二〇二一年二月二十一日，俄羅斯國防部宣布在邊境部署三千名傘兵，但是沒多久人數便暴增。俄國調派各種類型的軍種，不僅部署在頓巴斯郊區，同時還包括克里米亞，以及哈爾基夫附近的俄羅斯別爾哥羅德（Belgorod）地區。社群網站上充斥著相關畫面，包括軍用車輛；年輕的俄國士兵在平原和森林中巡邏、在坑坑窪窪的泥路上跋涉、趴睡在邊坡上；他們手持武器，在白樺林邊緣建立軍事營地。

莫斯科加大施壓力道：自稱是頓內次克和盧漢斯克人民共和國的領導人聽命於克里姆林宮，聲稱受到烏克蘭軍隊「挑釁」並據此進行「預防性破壞射擊」，以摧毀敵方軍事陣地。三月十六日，一架俄羅斯 Mil Mi-8 直升機在東北部的蘇米地區對烏克蘭領土進行小範圍入侵。十天後，四名烏克蘭軍人在接觸線上遭到殺害。二〇二一年四月一日，俄羅斯聯邦拒絕延長頓巴斯地區的停火協議。

同一時間，澤倫斯基批准了由國家安全和國防委員會制定的《克里米亞自治共和國臨時被占領領土及塞瓦斯托波爾市的去占領化和重新整合戰略》，這是他越來越倚重的一個單位。這份文件確定了一系列外交、軍事、經濟、傳播和人道主義措施，目的是讓克里米亞回歸烏克蘭。澤倫斯基甚至決定舉辦「克里米亞平台」（Plateforme de Crimée）國際峰會，計畫在二〇二一年八月二十三日在基輔召開，動員世界各國的外交支持。莫斯科加速該地區的軍事化進程，對烏國的動作頻頻感到惱火。另一方面，北約也發起了一系列名為「歐洲防衛者二〇二一」（Defender Europe 2021）的軍事演習，這是北約幾十年來所進行最大規模的演習：從三月持續到六月，他們動員來自二十七個國家的兩萬八千名士兵和軍官，前往分布在十幾個國家領土上的三十個訓練區。莫斯科仍在加緊施壓烏克蘭，沒多久就有近十萬名軍力將其包圍。

一場大規模的吹牛撲克遊戲正圍繞著烏克蘭展開。許多西方專家認為普丁在虛張聲勢，他並不打算入侵烏克蘭，這也是許多歐洲情報單位的意見，但他們顯然低估了俄國領導層對俄烏歷史淵源的執念。一會兒有人表示，普丁希望恢復俄羅斯身為一個國際大國的地位；又有其他人認為，普丁最希望與美國新任總統喬．拜登平起平坐當面對談，因為二〇二〇年底當選的拜登是俄羅斯最看不慣的美利堅化身：民主、愛說教、活躍於國際舞台。他的當選讓莫斯科感到擔憂，儘管白宮新主人已經將中國崛起視為其地緣政治的優先事項，而且他似乎也準備好把俄羅斯文件夾先擱在抽屜裡。普丁很清楚，美國人的心不在歐洲，於是繼續在烏克蘭部署他的棋局。

事實上，許多觀察家很難理解的是，普丁在烏克蘭的行動確實相當理性，但卻也十分地情緒化。對克里姆林宮的領導層來說，烏克蘭是一個關乎俄國生存的問題。普丁政權正努力重申帝國的政治身分認同，而這件事與俄羅斯控制烏克蘭及其首都基輔是不可分割的，況且基輔在俄羅斯的想像中向來被視為「俄羅斯城市之母」。頓巴斯的煤田對普丁來說沒有什麼價值，反而是種拖累，他最看重的是要防止基輔走上歐洲文明的歧路，並與烏克蘭保持近鄰的關係。歷史淵源的托詞在相當程度上與美國導彈一樣左右著俄羅斯，但北約實際上從未打算在烏克蘭部署這些導彈。

對克里姆林宮來說，時間已經不多了：自廣場革命以來，俄羅斯逐漸失去在烏克蘭的影響力。年輕一代使用烏克蘭語的人越來越多，許多人都拋棄了俄羅斯的文化商品。自二〇一七年烏克蘭與歐盟簽署結盟協議並享有申根地區免簽以來，烏克蘭人大舉前往歐洲並尋找工作。基輔現在把目光投向柏林、華沙、維爾紐斯或布拉格，而更少關注莫斯科。親俄羅斯的政黨在結構上逐漸弱化，只能在南部和東部某些地區吸引高齡選民。終於在二〇一九年，一個統一的烏克蘭東正教會誕生，並得到君士坦丁堡普世牧首的承認，使得克里姆林宮的傳聲筒——莫斯科牧首區強大的烏克蘭東正教會遭到邊緣化。

普丁在二〇二一年的軍事行動也是出於一個不容忽視的個人動機。當年二月二日，澤倫斯基簽署了一項命令，禁播三個親俄電視頻道：

Zik、NewsOne和112。這些媒體是克里姆林宮官方宣傳的傳聲筒，不遺餘力批評澤倫斯基，尤其是Covid-19大流行開始之後，它們呼籲烏克蘭使用俄羅斯的Sputnik-V疫苗，這對絕大多數烏國人民來說簡直匪夷所思。事實上，這三個電視頻道都屬於維克多·梅德韋丘克，這位烏克蘭商人政客多年來一直是普丁在當地的主要聯繫人。

兩人是在二〇〇二至二〇〇五年，梅德韋丘克擔任列昂尼德·庫奇馬總統辦公室主任期間認識的，後來梅德韋丘克才與二〇〇〇年五月接任俄羅斯總統的普丁建立起私交。當時，庫奇馬奉行兼顧俄羅斯和西方的平衡政策，他希望與莫斯科保持良好關係，因為他害怕莫斯科，同時透過與俄國簽署大量協議來保持自己的執政優勢，包括俄羅斯價格優惠的天然氣和低利率貸款，而基輔則承諾不惹是生非來作為交換。雙方各得其利背後的關鍵人物就是梅德韋丘克，他負責確保各方都能得到他們想要的東西。

二〇〇四年，普丁答應成為梅德韋丘克女兒小達莉娜的教父。兩家人的關係越來越密切，兩人還被拍到身著白襯衫的微笑模樣，地點就在梅德韋丘克位於克里米亞同時俯瞰黑海湛藍海水的別墅裡。這位來自莫斯科的慈祥教父難掩愉快心情，一把將身著碎花洋裝的小達莉娜抱在懷裡。無論是在俄羅斯還是烏克蘭，人們都將小孩的教父或教母稱為「koum」，這樣的舉動在小孩家長之間建立起一種責任和互信的關係，Koum之間的聯繫深刻地形塑著烏克蘭的政治生態。

廣場革命後，各方都對維克多・梅德韋丘克敬而遠之。波羅申科利用他作為中間人，直接與普丁討論頓巴斯相關問題，包括釋放戰俘。這位議員擔任親俄反對勢力平台「為了生活」（Pour la vie）的主席一直到二〇二一年，並曾讓澤倫斯基吃足了苦頭。儘管該勢力獲得的選票總是敬陪末座，但卻經常在民調中排名第二。二〇二一年二月初，澤倫斯基祭出撒手鐧：他的國家安全委員會懷疑梅德韋丘克金援頓巴斯的分離主義分子，於是控告他犯下叛國罪。梅德韋丘克的資產被凍結，電視台遭到停播。澤倫斯基鎖定的目標是普丁大家庭的一名成員，而且對方還是克里姆林宮主人在烏克蘭唯一信任的對象。對普丁而言，這是不折不扣的宣戰。

當基輔和莫斯科之間本來就不多的橋樑一個個斷裂的時候，澤倫斯基更可以下定決心向華盛頓靠攏。經歷川普時代的動盪之後，他想要討好新任的美國總統。澤倫斯基身邊一位幕僚向《時代》雜誌嫻熟俄烏問題的記者西蒙．舒斯特（Simon Shuste）透露，烏克蘭新的領導班子希望「給拜登政府送上一份歡迎禮物」，於是總統人馬提出了一個一石二鳥的計畫：首先是除掉一個危險的反對分子，對方除了是親俄派之外，更嚴重的是他正在左右東南地區基層選民的投票意向，然後再向美方提出保證。

於是，烏克蘭司法鎖定了梅德韋丘克。二〇二一年五月，俄羅斯安插的這艘潛艇遭到軟禁，普丁氣得臉色發青。他爆氣聲明：「這明顯是政壇大清洗」，並可能將烏克蘭變成「某種反俄勢力」。但對他來說，沒有俄羅斯代理人就沒有烏克蘭。「要麼俄羅斯透過和平手段在烏克蘭發揮某些影響力，要麼就是透過武力來掌握這種影響力，沒有第三種選擇。」梅德韋丘克的得力助手之一奧列格・沃洛辛（Oleg Volochine）告訴西蒙・舒斯特。

二〇二一年春天，目睹俄羅斯在烏克蘭門戶前進行大規模的軍事動員後，拜登同意於六月十六日在日內瓦和普丁會面。會議敲定後，普丁立刻下令部隊象徵性撤退數十公里，並希望可以在日內瓦得到美方在戰略上的讓步：關於烏克蘭，關於歐洲安全架構，關於北約……普丁從瑞士返國，整個人容光煥發，非常滿意自己能在全世界面前與世界頭號強國平起平坐，雖然俄羅斯國內生產總值的全球排名只排在第十一位。

儘管埋首於和北京的兩強對決，但華盛頓並沒有向莫斯科提出任何實質性的承諾，尤其是並不打算重新調動北約在歐洲的駐軍。二〇二一年十月，俄羅斯又開始沿著烏克蘭邊境部署軍力。美國情報單位察覺事態不妙，將某些情報解密並透過媒體公開。秋天，美方意識到俄羅斯在接下來的幾個月裡準備入侵烏克蘭，而且有新事證指出，俄方還將借道白羅斯領土進犯烏國，儘管此前白羅斯一直對烏克蘭保持中立。一週接著一週，在烏國領土邊境集結的俄羅斯士兵數量持續增加。中情局將掌握到的情資與歐洲情報單位分享。

澤倫斯基的心情相當低落，美方危言聳聽的預測已經開始危及烏克蘭的經濟；外國直接投資急劇下降，格里夫納走勢疲軟，中央銀行必須出手穩定匯率。《華盛頓郵報》或CNN每個星期都有新的披露，甚至提到基輔將會遭到襲擊。烏克蘭總統惱羞成怒，公開指摘美方：「美國助長了我們一日三變的邊境動靜，他們明白有風險存在且不斷加以強調。他們竭盡所能地高分貝示警，但在我看來這是個錯誤。」澤倫斯基在二〇二二年一月底表示，「我不認為情況比二〇一四年還危急，我不希望由烏克蘭來承擔拜登總統和普丁總統對抗的後果。」

一位熟知內情的西方外交官表示，直到二月初，澤倫斯基仍不相信俄羅斯會大規模入侵，烏克蘭政府傾向採納對頓巴斯施加軍事壓力的選項。然而，俄羅斯在這彌漫煙硝味的二〇二二年伊始，就祭出了高壓手段：他們發出最後通牒，要求烏克蘭永遠不得加入北約，而美國也應該從東歐撤軍。一月十八日，美國情報單位有確切把握普丁即將發動戰爭。二月二十四日清晨，戰爭爆發。

第六章・複雜的西方

蹣跚學步

原本預料二〇一九年三月的烏克蘭總統選舉將會非常無趣，但實際上，它卻讓人感到興奮，具有十足的現代精神、出其不意、令人耳目一新，甚至令人感到不安。國際媒體和後蘇聯事務專家們在發現澤倫斯基／戈洛博羅德科現象時，感到驚訝、好奇之餘，還有點鄙夷的意味。編輯台開始挖掘澤倫斯基的生平，畢竟他的名氣從未越過俄語國家的邊界，有心人則透過網飛或YouTube觀看《人民公僕》，來認識這位戈洛博羅德科總統。

國際媒體立即援引了一些陳腔濫調：「烏克蘭的高祿奇」，法國網站頭條寫道；義大利則將澤倫斯基比作貝佩·格里洛和他的五星運動。每個人都想瞭解澤倫斯基，然而在接受英國廣播公司（ＢＢＣ）採訪，記者逼問他與寡頭伊霍爾·科洛莫伊斯基的關係時，他整個搞砸了，此後便和媒體玩起了躲貓貓。九五街區工作室的公關團隊努力避免讓他們的冠軍與外國記者進行一對一的採訪，並在候選人四周拉起了警戒線，像是為了掩飾他初期政見的空洞無物。坦白說，對這位「Instagram候選人」而言，競選初期的確不太好過。隨著澤倫斯基民調結果的一飛沖天，基輔外交圈像是被澆了一桶冷水，尤其是「G7駐烏克蘭使節小組」，這是一個非常有影響力的非官方機構，與烏國當局保持密切聯繫。「想到澤倫斯基這樣的人擔任一個交戰國家的三軍統帥，這念頭讓我們陷入一種無法理解的迷惘之中。」二〇一九年初，一位派駐基輔的歐洲外交官坦言。

所有的使節都想見見這位候選人，親自打量一番，建立自己的看法，並向政府提出說明。有些人得到了見面的機會。二〇一九年二月中旬，澤倫斯基與歐洲使節進行了首次會面，而且是以問答的方式進行。

走出Instagram和YouTube的澤倫斯基非常緊張，他不安地走進歐盟駐基輔代表團的會議室。這位喜劇演員並不想搞笑，他一臉尷尬地走向在場的外交人員，類似機器人的步態透露出他對這個靜悄悄的會場有些遲疑。他不知道該如何表現，該如何問候這些來自另一個世界的尊貴人士。在說了幾句語焉不詳的開場白後，他說自己已經準備好回答外交官們的問題。準備好了嗎？其實不然，事實上，根本就沒有……

「他的表現不好，完全沒有掌握相關事務，有時甚至連某些國際情勢的基本情況也不瞭解。更不用說他的菜英語了！每一句話都需要翻譯幫忙，連最簡單的問題也不例外。澤倫斯基努力用烏克蘭語表達，但結果並不理想。他的答案或擬答稿都非常籠統。事實上，每次被問到問題，他一律求助於魯斯蘭．斯特凡丘克這位負責擬訂其政見的律師，也是『人民公僕』這個新創政黨的理論家。斯特凡丘克的表現相當不錯，但穿著有點糟糕，西裝不是很合身。會議結束後，我們都很失望，很難想像兩個月之後，是由他來負責國家事務！」出席會議的一位大使表示。

澤倫斯基千方百計迴避的國內媒體也毫不留情。「外國使節關注的主要是烏克蘭的國家安全問題，因為面對普丁和他侵門踏戶的政策，選出一個沒有準備的烏克蘭總統會是很大的風險。」掌握會議消息的權威週刊《新時代》寫道。觀察家們非常憂心，因為他們注意到澤倫斯基對北約、歐安組織、歐盟的運作方式、宏觀經濟問題、與俄羅斯的天然氣問題，甚至是烏克蘭國家機構運作等概念的理解極為粗淺。

「那次會議結束後，我們都感到很茫然。」時任法國駐烏克蘭大使、現為馬克宏愛麗舍宮外交小組成員的伊莎貝爾．杜蒙（Isabelle Dumont）表示，「但即使對這些問題不瞭解，他靦腆的神情背後也散發著某種魅力和堅定的決心。幾週後，他在民調中取得穩定領先的地位，也表明這個候選人正在脫胎換骨。後來，他開始努力做功課，關於一切，關於實質內容，關於他的英語。幾個月後，他整個人煥然一新。」這位熟悉烏克蘭問題的外交官繼續說道。

多個消息來源指出，在與國際社會首次面對面之後，澤倫斯基團隊受到相當大的打擊。於是，澤倫斯基加倍努力，要求提供資料。許多改革派人士加入他的陣營，一方面是出於對波羅申科的反感，因他澆熄了廣場世代的希望；另一方面則是為了「填補澤倫斯基候選資格的空洞」。「既然不知道他到底想做什麼，而且也沒有實質的政見，或許我們可以建議他做些對國家來說很重要的事情。」波羅申科執政時的一位前部長坦言。他加入了澤倫斯基的團隊，但並非出於熱情。這個人經常與波羅申科的前財政部長奧列克桑德．達尼尤克打交道，而後者正是Privat銀行私有化的主要推手。事實上，在極少數的公開會議上，顧問團經常代替候選人回答問題。澤倫斯基自己則是固定將晨間運動的過程拍攝下來，傳到Instagram上，同時加倍努力提升對烏克蘭語的掌握。當無法吸收所有的實質內容時，他會利用演戲的經驗和背誦台詞的能力，好讓自己看起來有模有樣。

二〇一九年三月三十一日晚間，澤倫斯基在第一輪投票中獲得30．24%的選票，現任總統則只獲得15．95%。後來用以稱呼這股現象的「澤」（Ze）流，正鋪天蓋地而來。政治學家和民調機構開始推算：落後的波羅申科將無法追趕。法國總統府身為諾曼第模式的發起單位，在烏克蘭和俄羅斯的談判中扮演著非常重要的角色，於是決定邀請進入第二輪選舉的兩名候選人造訪巴黎。四月十二日下午，兩人一前一後在愛麗舍宮入口的台階上露面。

「澤倫斯基希望為這次會議做好準備，於是特地來拜訪我。他很焦慮，因為這是他第一次與烏克蘭以外的國家元首會面。他問了我一些問題，特別是關於儀節方面。但更值得一提的是，我們談了很多關於他對和俄方談判的看法，還提及了維護烏克蘭完整性的絕對必要性：他希望與俄羅斯和平共處，態度既不仇恨也不主戰，但這種和平不該以犧牲烏克蘭的主權為代價。」伊莎貝爾・杜蒙大使回憶說。「他坐法航經濟艙從基輔飛到巴黎，這實在令人難以想像。在三個小時的航程中，這位未來的總統幾乎沒機會好好坐下，每位乘客都要和他自拍。」這位法國外交官莞爾回憶道，「他不介意和我們自拍，而且尷尬之中更多的是樂在其中。」

澤倫斯基的學步階段之所以如此蹣跚，不僅是因為他沒有經驗，也是因為歐洲並不完全屬於他的思維格局。澤倫斯基的真實世界在後續一段時間裡仍很烏克蘭，「帶有某種地方主義」。一位烏克蘭記者也指出在這位候選人的團隊中很少有基輔人。他的世界裡還有俄羅斯，當地的風俗規矩他都非常瞭解；土耳其也是，每年夏天，九五街區工作室都會在當地的豔陽下舉辦幽默藝術節。一九二九年，戴高樂「帶著簡單的主張前往複雜的東方……」。在二〇一九年的這個春天，澤倫斯基也可以說：「我帶著簡單的主張飛往複雜的西方。」事實上，對這位年輕的總統來說，學習西方政治的確是非常複雜的事情。

看川普出招

「Sorry, but I don't want to be involved to democratic, opened...vybori?」（「對不起，但我不想介入公開民主的……vybori？）澤倫斯基的英語的確有進步，但還是差強人意。他求助口譯員，要對方翻譯這個烏克蘭單詞：「選舉！美國選舉……」他的腔調很重，用字不夠精確，每句話都有錯誤。二〇一九年九月二十五日，澤倫斯基在聯合國大會場外狼狽不堪，這是他首次以總統身分出訪美國。在紐約樂天皇宮飯店的房間裡，美國媒體對澤倫斯基進行提問轟炸，而他就坐在唐納·川普旁邊。

這兩位政壇非典型人物的首次會面備受各方矚目：不僅是因為澤倫斯基的崛起（經常錯誤地）被比作川普現象，同時還因為美國正處於「通烏門」的醜聞之中。烏克蘭的內政離奇捲進美國總統大選，在澤倫斯基頭幾個月的任期中留下汙點。

然而，他和他的新聞團隊很清楚，必須對這些敏感的問題提出說明。為了表現出冷靜和淡定，澤倫斯基努力仿傚美國藝人的親切誠懇。只是沒想到川普卻正襟危坐，澤倫斯基則癱坐在椅子上，似乎想要滑入地底下。幾公尺之外，在鏡頭拍不到的地方，烏克蘭外交部的職業外交官們目睹自己總統的笨拙表現，氣得直咬牙，顯然他就是個出盡洋相的菜鳥。

澤倫斯基對川普前任的歐巴馬總統「沒有找時間訪問烏克蘭」表示遺憾，完全不懂得看場合說話，在場記者們對這種坦率都報以微笑。也許他身旁的現任總統會找時間訪問「我們偉大的國家」，他不是從來沒去過嗎？「我盡量。」川普嘬著嘴嘀咕，語氣表明他還有更重要的事情要做。或許是為了取悅澤倫斯基，又或者是為了把話題拉回到他感興趣的事物上，川普提醒大家有個烏克蘭人曾贏得環球小姐的后冠，而且選美比賽是由他的一家公司所舉辦。現場頓時鴉雀無聲。

兩位總統相互打探對方意圖。澤倫斯基努力扮演跑腿業務來吸引白宮主人，大談烏克蘭的商機，以及他的新政府企圖將烏克蘭打造為歐洲最繁榮的國家，還有反貪作為等等。川普擺出敷衍的笑容，只提了兩點：一，烏克蘭首先應該和普丁就頓巴斯和平問題取得進展；二，基輔必須盡責解決貪腐問題。然而，在談到清理陳年積弊的時候，這位美國總統心裡的盤算完全與烏克蘭的改革計畫無關，而是擊垮政壇上可能阻礙他連任美國總統的人——喬·拜登。

事實上，對剛就任的澤倫斯基來說，美國真的相當令他頭痛，總是擺脫不了那股案情不單純的疑雲。澤倫斯基當選後沒幾天，川普人馬大陣仗抵達基輔。在川普私人律師魯迪・朱利安尼（Rudy Giuliani）的授權下，一群特使抵達首都。朱利安尼透過優先管道或烏克蘭政治人物的穿針引線，試圖直接接觸澤倫斯基並表達高度興趣，使得後者不得不層層把關。二〇一九年七月二十五日，兩位總統首次進行了電話會談。後來多虧有人密告，大家才知道川普試圖透過電話向澤倫斯基施壓，要他對烏克蘭的檢察總長「做點什麼」。據傳，在美國競選活動準備起跑之際，川普曾要求澤倫斯基動員烏克蘭司法系統來制裁拜登。

歡迎來到布利斯瑪（Burisma）事件的源頭！這一切要從二〇一四年說起，就在俄羅斯入侵頓巴斯之後，歐巴馬決定強化華盛頓對基輔的支持，而當時他的「烏克蘭先生」不是別人，正是副總統拜登。二〇一四年四月，拜登敦促烏克蘭政府減少對俄羅斯天然氣的依賴，目的是限制莫斯科利用俄羅斯天然氣工業股份公司的影響力來左右局勢。二〇一四年六月，副總統的兒子杭特・拜登（Hunter Biden）被任命為烏克蘭主要天然氣公司之一的布利斯瑪的董事會成員，公司老闆是親俄小寡頭米科拉・茲洛切夫斯基（Mykola Zlochevsky）。問題是，杭特・拜登只是能源產業的新手，而且從未到過烏克蘭，但這並不妨礙他以棉薄服務來賺取豐厚薪資，有些月分甚至高達八萬三千美元[12]。法律專家們後來強調這並不違法，但是在道德上有汙點，結果杭特的父親卻還不斷在對烏克蘭人說教反貪。

二〇一五年，烏克蘭檢察總長維克多・肖金（Viktor Chokine）——惡名在外的貪腐分子，屬於亞努科維奇時代的遺毒——啟動了對布利斯瑪的調查。他是奉命行事？還是想要敲詐天然氣公司？我們永遠不得而知。但在二〇一八年一月，被稱為「大嘴喬」的拜登在外交委員會智庫於華盛頓舉辦的一場會議上透露了太多內情，他實在太多嘴了：「我記得曾去過烏克蘭十二或十三次。有一次，我告訴總理阿爾謝尼．亞采紐克（Arseni Iatseniouk）和總統彼得羅．波羅申科，如果你們不在六小時內解僱肖金檢察官，我就不會批准十億美元的貸款保證。六小時後，這個狗東西就被解雇了。[13]」肖金的繼任者在十個月後終結了布利斯瑪案的調查。

這些爆料對川普來說是一大福音，只要拜登獲選為民主黨候選人，他就可以加以利用。二〇一九年春夏之交，律師、調停人和美國外交官等一行人試圖強迫澤倫斯基，要他重啟布利斯瑪的調查。烏國總統嚇壞

12. 艾里爾．齊爾伯（Ariel Zilber），「烏克蘭天然氣公司每月支付杭特．拜登八萬三千三百三十三美元，請他擔任擁有『響亮名號』的『代言人』，而杭特的公司則總共獲得了三百四十萬美元」，《每日郵報》，二〇一九年十月十九日。

13. 〈與前副總統喬．拜登的外交議題發布會〉，外交關係委員會網站，二〇一八年一月二十三日。

了：拒見川普的人馬可能會讓他付出沉重代價，而烏克蘭現在正迫切需要美國的軍事援助，特別是用以對付俄羅斯坦克的著名標槍飛彈。但萬一是民主黨人勝選，又該如何向他們解釋烏國政府竟然同意與魔鬼簽訂契約？

新的烏克蘭領導團隊仍然非常缺乏經驗，中流砥柱都是由製作人好友和九五街區工作室的編劇班底組成。伊霍爾・科洛莫伊斯基的爭議律師安德里・博格丹被任命為總統辦公室幕僚長，但他主要忙於落實澤倫斯基想要推動的「渦輪執政」（turbo-régime）改革方案。黑暗中，有個男人正在崛起——安德里・葉爾馬克，他是律師和影音製作人，是澤倫斯基的老朋友，並很快就被任命為總統的外交政策特別顧問。「當時，葉爾馬克是澤倫斯基核心圈子裡，唯一一位英語說得還不差的人。」一位消息人士表示。葉爾馬克儼然成為美方的聯絡人，但同時也成為《新明斯克協議》進程中烏國對俄羅斯的窗口。他一夜之間獲得拔擢，與總統澤倫斯基如影隨形。二〇二〇年二月，他被任命為總統辦公室幕僚長，這一安排使得他成為總統府當之無愧的大當家。二〇二二年，當烏克蘭捲入戰爭時，澤倫斯基比以往都更加倚重葉爾馬克這位心腹。

二〇一九年夏天，川普決定利用烏克蘭及澤倫斯基的態勢已經很明顯，目的是蒐集情報來證明拜登有罪，罪在向烏克蘭司法施壓終止對布利斯瑪一案的調查，同時保護兒子的清白。川普的既定目標是擊垮對手。「大家都在談論拜登的兒子，因為拜登終止了調查程序，很多人都想知道內情，所以如果你可以和檢察總長做些什麼，那就太好了。拜登曾炫耀自己阻止了起訴程序，如果你可以打聽看看的話。」七月二十五日，川普別有用心地向澤倫斯基暗示。談話紀錄是在澤倫斯基首次訪問聯合國之前公開的，情節簡直就像《人民公僕》第四季的某一集……

澤倫斯基正在親身領略現實政治。就在頓巴斯與俄羅斯發生軍事衝突的同時，美國盟友竟還對他進行令人吃不消的勒索：川普下令參謀長暫停對烏克蘭的四億美元軍事援助，直到基輔讓他稱心如意為止。本案經歷多次峰迴路轉，最終促使美國參議院在二〇一九年十二月十八日決定彈劾川普，這同時也是歷史上第三次彈劾美國總統。烏克蘭成為美國各個新聞網的焦點，澤倫斯基也成了家喻戶曉的人物，只是這應該是他敬謝不敏的成名方式。

澤倫斯基在這一齣歹戲中，從頭到尾都保證自己沒有受到壓力。「沒有人可以對我施壓，因為我是一個獨立國家的總統。唯一能給我壓力的人，是我六歲的兒子。」有天他說，但根本沒人相信。外交上的震撼教育對他來說是毫不留情的霸凌，而當時烏克蘭正面臨國家存續的重大考驗：刻意繞過烏克蘭領土的俄羅斯天然氣項目（北溪二號，Nord Stream 2），以及獲得現代武器以阻止普丁在頓巴斯的野心。布利斯瑪事件嚴重影響烏克蘭與其戰略盟友的關係，甚至在二〇二〇年十一月拜登當選後情況也未見改善：本應對烏克蘭更加友好的民主黨新政府，卻對澤倫斯基身邊的幕僚採取不信任態度，似乎仍然懷疑他隨時準備向川普妥協，澤倫斯基在許多場合也毫不掩飾對華盛頓冷傲對待基輔的態度感到不快。即使到了二〇二二年二月俄羅斯入侵烏克蘭的前夕，雙方的誤會也未完全冰釋。

歐洲夢

烏克蘭語中有個諺語，指人無法選擇自己的出生家庭：Sim'iou ne obyraiout。但過去十年來，烏克蘭選擇了自己的地緣政治家庭：歐洲。二〇一三年，烏克蘭人看待自身在歐陸地位的方式與過去徹底決裂。二〇一三年十一月二十一日，維克多．亞努科維奇總統在莫斯科的壓力下，暫停與歐盟簽署結盟協議的準備工作，一百八十度髮夾彎的立場，引發了後來被稱為「尊嚴革命」的示威活動。違背承諾加上亞努科維奇政權的極端腐敗，導致越來越多烏克蘭人渴望加入歐盟，同時也務實地希望利用這一心願來改變他們的社會和國家。

當我們說烏克蘭人覺得自己是歐洲人時是什麼意思？二〇一七年，在希望前往歐盟的歐洲人被取消申根簽證之前，三大民調機構進行的一項調查顯示，38%的烏克蘭人覺得自己是歐洲人，但55%並沒有這種身分認同。對歐洲的認同程度在該國的西部和大城市較高，而在南部和東部則呈現下降，因為當地的俄語人口占多數。值得一提的是，世代的差異非常明顯：烏克蘭人越是年輕，就越覺得自己是歐洲人；六十歲以上的烏克蘭人中，只有27%覺得自己是歐洲人。凡是在一九九一年烏克蘭獨立後出生的人，絕大多數都選擇歐洲；而那些大部分人生都在蘇聯度過的人，則沒有特別偏好歐洲。二〇一三年至二〇一七年，希望加入歐盟的烏克蘭人從42%上升到57%，而希望與俄羅斯共同參與歐亞經濟集團的比例，則從30%驟降到8%。不過，這項調查並沒有納入俄羅斯控制的克里米亞和頓巴斯地區。

因此，二〇一三到二〇一四年這段期間，對烏克蘭人來說是個重大轉折，他們將歐盟與三大價值聯繫在一起：第一，「物質福利」；第二，「受到法律保護的感覺」；第三，「對民主價值和個人權利的尊重」。自廣場革命以來，歐洲對許多烏克蘭人來說已經昇華成一種近乎形而上的價值：大家渴望的不是歐盟，畢竟烏國人民對歐盟的運作和機構瞭解甚少，但大多數烏克蘭人都選擇歐洲作為價值的模範和變革的希望。從務實面來看，烏國人民注意到一九九一年後，他們的生活水準與他們的鄰國波蘭相近，都非常低落。但是近年來，他們觀察到波蘭的經濟繁榮，已經成為他們眼中的移民國家、合作夥伴和經濟模式。歐洲有時也讓人失望，布魯塞爾將烏克蘭視為「睦鄰政策」的一部分，並把基輔排除在歐盟之外。基輔的人們等不及了，很希望自己已經是歐盟的一員，但卻沒有意識到其他中歐國家為了加入這個大家庭所必須進行的結構性改革。

對澤倫斯基來說，歐洲不是個必然的模範，並非二〇一四年冬天獨立廣場示威群眾所理解的那樣。如果他說自己是歐洲人，首先是出於一種務實的考量。澤倫斯基出生當時，烏克蘭南半部和東半部都是說俄語，歐洲還不是必然選項。這位精明、富有的生意人很早之前關注的是俄羅斯，但隨著二〇一四年戰爭爆發，俄羅斯市場逐漸凋零。二〇一〇年代中期，九五街區工作室開始向二十多個國家出口節目和影集，它們拼湊起來就相當於俄語世界地圖，包括白羅斯、哈薩克斯坦、亞塞拜然和波羅的海國家等。澤倫斯基對土耳其也頗有好感，九五街區工作室每年夏天都會在當地舉辦幽默藝術節。當上總統後，他與土耳其總統艾爾多安（Recep Tayyip Erdoğan）建立了特殊的政治、經濟和戰略關係。澤倫斯基因為與1＋1電視台簽約而躋身百萬富豪，歐洲在他眼中首先是托斯卡納小鎮福爾泰德伊馬爾米當地一棟擁有十五間房的別墅，與之為鄰的有俄羅斯寡頭羅曼·阿布拉莫維奇（Roman Abramovich）和奧列格·德里帕斯卡（Oleg Deripaska），或者也可能是九五街區工作室成員以大手筆買下的數間倫敦公寓[14]。

對澤倫斯基、那些像他一樣，或是將投票給他的人來說，歐洲首先是一個地理空間，人們可以前往工作和謀生，因為在烏克蘭工作無法確保家人生活無虞。澤倫斯基在二〇一八年十二月三十一日發表的參選聲明，正是針對這一群人：光是二〇一九年，就有六十六萬烏克蘭僑民居

14. 二〇二一年十月，調查媒體 Slidstvo.Info 與一家調查聯盟合作報導《潘多拉文件》，披露澤倫斯基和九五街區合夥人在與寡頭科洛莫伊斯基所簽訂的視聽合約中，有大約四千萬美元沒有向烏克蘭稅務部門申報，而且還將這筆錢用於投資多家離岸公司。據稱，這筆錢讓他們在倫敦市中心買下至少三間公寓，包括貝克街一間價值三百萬美元的公寓，一旁就是福爾摩斯博物館。

留在歐盟成員國境內以勞力換取薪資，他們是歐盟最大的外來勞動力。比起與馬克宏或梅克爾打交道，這位年輕總統面對波羅的海三國或波蘭領導人時更能從容不迫。在他的任期之初，澤倫斯基並沒有現成的、明確的、概念化的歐洲立場。不像前任總統波羅申科，他不僅英語流利，而且還把自己的政黨稱為「歐洲團結」（Solidarité européenne）。

但澤倫斯基這位政治家的一個特點是他通權達變。其過人之處在於他宛如一隻變色龍，可以根據人民的渴望來為自己上色，而不是向他們提出一個方向。「對我來說，國家就是人民。我們有義務為烏克蘭付出最大的努力，否則烏克蘭人將不得不在歐洲其他地方生活。」二〇一九年三月，他在國際記者面前表示。「歐洲是我們的，不是我的，烏克蘭人做出了自己的選擇，並為此付出了鮮血，他們選擇了加入歐洲。」他繼續說，「我能做的就是幫助他們：是的，我希望烏克蘭能加入歐盟和北約，這是我的個人立場。但是我們的基本原則是人民掌權，所以應該舉行全民公投，讓烏克蘭人自己決定他們想要加入的組織。」澤倫斯基精通民粹操作，深知人民嚮往歐洲，所以他相當樂意逢迎大家的願望。

二〇一九年五月二十日，在最高拉達的就職演說中，澤倫斯基以「我們每個人都是總統」為主要內容，強調他任內的三大優先事項：歐洲、消弭貧窮和頓巴斯和平。「我們的歐洲家園從我們每一個人開始。」他說，「我們選擇了一條通往歐洲的道路，但歐洲並不在遠處的某個地方。歐洲在這裡，在我們的腦海裡。在意念裡出現之後，它將無處不在，遍布烏克蘭。這是我們共同的夢想。」幾分鐘後，他觸動了四千四百萬烏克蘭大多數人的心弦：「我們將建立一個充滿各種機會的國家，在這裡，法律之前人人平等，有公平和透明的遊戲規則。」

最後一句話對許多出生在前鐵幕另一邊的烏克蘭人來說特別有感觸。正是這種對正義和繁榮的渴望，把烏克蘭推向了西邊，遠離了俄羅斯模式。「二〇一三年底開始的廣場運動，其背後的癥結點其實是貪腐問題。部分民眾固然害怕與莫斯科走得太近，但是與歐盟簽訂結盟協議代表在法治上獲得保障，因此是對抗亞努科維奇唯利是圖的武器[15]。」巴黎南特大學斯拉夫研究講師、社會科學家尤莉亞・舒坎（Ioulia Shukan）分析道。她從二〇一四年起就在烏克蘭各地進行廣泛的田野調查。

然而，這份提交給六個前蘇聯共和國（亞美尼亞、亞塞拜然、白羅斯、喬治亞、摩爾多瓦、烏克蘭）的結盟協議充滿了模糊地帶。對某些歐盟成員國來說，它是加入歐盟的替代方案；對其他國家來說，它是一塊加入歐盟的跳板。許多歐洲國家，包括當地輿論和領導圈子，在面對是否應該東擴來涵蓋新的東部國家這個問題上，本身就存在許多分歧。各國政府主要是透過自己與俄羅斯的政治關係或經濟依賴，來看待烏克蘭問題。這些歧見在二〇二二年二月俄羅斯入侵期間，嚴重打擊了對烏克蘭的支持。

幾個月來，隨著頻繁的出訪和會晤，表現有前段班水準的澤倫斯基已經學會了利用歐洲光譜所涵蓋的各種模糊地帶。然而，有一個國家的立場，同時還是個大國，最令他耿耿於懷，澆熄了他對歐洲的熱情。這個國家就是德國。身為歐洲經濟的中流砥柱，德國是烏克蘭的第二大出口國，同時也是二〇二一年買下半數俄羅斯運歐天然氣的國家。單單是德國，就可以觀察到歐洲在烏克蘭問題上的所有矛盾。二〇一一年，福島發生核災之後，總理梅克爾作出放棄民用核電的歷史性決定，此後柏林即不斷增加對俄羅斯巨頭俄羅斯天然氣工業股份公司的天然氣採購，以供應其強大的工業體系。德國政壇也廣泛支持北溪二號計畫：

15. 賀吉斯・瓊代，〈不安於現狀的前蘇維埃帝國社會〉，《費加洛報》，二〇二二年一月二十五日。

在波羅的海建造一條一千兩百三十公里長的天然氣管道，年輸送量為五百五十億立方公尺，可以讓俄羅斯輸德的天然氣出口增加一倍。與普丁關係密切的前總理施洛德（Gerhard Schröder）於是成了北溪二號股東會的主席。

這條管線是普丁地緣政策的優先事項：幫助俄羅斯每日坐收巨大獲利，確立對歐洲重要經濟體的能源主導地位，並透過中斷俄羅斯天然氣借道烏國領土的運輸來削弱烏克蘭，這將使基輔每年損失十五億美元的收益。過去三年來，北溪二號的修建導致烏克蘭與德國交惡，也影響到了烏克蘭和歐盟的關係。

澤倫斯基的立場與烏克蘭政治階層一致，北溪二號是「克里姆林宮兇險的地緣政治武器」。二〇二一年八月二十二日，總理梅克爾訪問基輔期間，他正是如此告訴對方的，當時俄羅斯天然氣工業股份公司及其德國和歐洲的合作夥伴（包括法國公司Engie），正在準備完善管道的鋪設。梅克爾試圖哄騙澤倫斯基，提到俄羅斯與基輔的新協議，並承諾向烏克蘭提供十億歐元的援助，幫助烏國實現可再生能源的轉型。但是這甜頭他嚥不下去，充滿理想的澤倫斯基再次撞上現實政治（Realpolitik）的高牆。

基輔與德國的關係受到重創，尤其是柏林在二〇二一年間，千方百計阻撓第三國向烏克蘭交付軍火，但基輔卻希望強化火炮、反坦克飛彈和反狙擊武器等軍備。普丁二月二十四日的宣戰和入侵烏國部分地區，似乎終於還給澤倫斯基一個公道：許多歐洲人突然驚覺，克里姆林宮在烏克蘭以外的其他地方，也會使用天然氣作為戰爭武器，二〇二一年秋季天然氣價格被人為炒上天價已經印證了這一點。在戰爭前夕，在莫斯科承認頓內次克和盧漢斯克兩個自行獨立的人民共和國之後，新任德國總理奧拉夫・蕭茲（Olaf Scholz）暫停了北溪二號的認證程序。十天後，北溪二號公司申請破產，終歸是空忙一場。

德國對烏俄戰爭深感震驚，於是悄悄在地緣政治戰略上改弦更張：柏林宣布向基輔提供首批武器來對抗俄羅斯的入侵。但成為作戰總指揮的澤倫斯基早已無所忌憚，索性開門見山告訴德國領導人他的想法，抨擊他們對莫斯科的長期姑息。四月初，澤倫斯基來到基輔西北郊的布查，一個開戰前擁有三萬六千名居民的小市鎮，至今已被占領近一個月。俄軍剛剛撤離，但已經對四百多位平民犯下戰爭罪、施以酷刑和草率處決，留下令人不忍卒睹的滿目瘡痍。澤倫斯基明顯面露疲態，眼前這片斷垣殘壁和倒行逆施的惡行令他難以平復。向全世界揭露這些暴行也許可以扭轉戰事，澤倫斯基於是火力全開。他當著媒體的面，冷酷邀請梅克爾和薩科吉親自前來布查，看看這場悲劇和反省他們所要負起的責任。他暗指德國和法國在二〇〇八年否決了烏克蘭和喬治亞加入北約，原因是「某些政治領導人對莫斯科的莫名恐懼」，促使他們認為

「只要拒絕烏克蘭，就可以安撫俄羅斯」。

二〇二二年的春天，澤倫斯基比以往任何時候都更像個歐洲人，但他是個理性的歐洲人。在他任期的頭兩年裡，烏克蘭人對加入歐盟的支持率徘徊在60％左右。自二月二十四日以來，情況發生了變化：根據Rating民調中心四月五日公布的一項調查顯示，有91％的民眾希望他們的國家入歐。三月三十一日，澤倫斯基簽署加入歐盟的正式請求。「各位請看，我們正在為歐洲的理想而犧牲。」一個月前，他告訴CNN。同一天，他透過視訊向歐洲議會成員呼籲：「我們已經證明了我們的實力，我們已經證明了，至少我們和你們是完全一樣的人，所以請證明你們和我們同在，證明你們不會放棄我們，證明你們是真正的歐洲人。」

四月，俄羅斯軍隊離開基輔地區，但戰爭持續在烏國其他地方肆虐。幾位歐洲領導人前來支持勇敢的烏克蘭政府。前英國首相強森雖然不再是歐盟的一員，但卻受到了隆重歡迎。三位波羅的海國家的總統和波蘭領導人乘坐火車前來，並受到澤倫斯基的熱烈擁抱。德國總統史坦麥爾原本打算同行，但被烏克蘭總統府點名為不受歡迎人物，因為他長期推動本質上偏袒莫斯科的外交政策。

二〇二二年四月九日，一名德國女子終於向烏克蘭人打開了歐盟大門。歐盟執委會主席烏蘇拉．馮德萊恩（Ursula von der Leyen）當天專程前往基輔。在布查的簡陋墳地追悼之後，她在基輔總統府綜合大樓的新藝術建築銀鮫宅，會晤了澤倫斯基。「我相信，烏克蘭將贏得這場戰爭，民主將贏得這場戰爭。」她說，「俄羅斯將陷入經濟、金融和科技的衰退，而烏克蘭則朝著歐洲的未來邁進。這就是我所看到的。」馮德萊恩隨後交給澤倫斯基一份問卷，讓他能夠在夏季之前向歐洲理事會呈交烏克蘭成為入歐候選國的提案。「程序不會像一般情況那樣耗時數年，只需要幾個星期的時間。」這位德國政治家向他保證。「我們會在一週後填好問卷，烏蘇拉。」澤倫斯基微笑回應。

第七章・與歷史有約

一個團結的民族

沃洛基米爾．澤倫斯基究竟象徵什麼？他可能是三十年來第一位透過言行實踐現代政治國家理念的烏克蘭元首。這位年輕總統不是知識分子，也不是思想家，而是一個理念單純的務實政治家，但有時太過單純而遭到批評。他將自己的光環建立在釋放強烈政治訊息的才能上，而正是這種博得每個烏克蘭人認同的演說能力賦予澤倫斯基優勢，讓他有資格代言二〇一四年以來經歷深刻變化的烏克蘭民族身分認同。

過去三十年來，烏克蘭的歷史持續向前推進，並在這次的俄烏戰火中，以前所未有的速度加速向前邁進。八年來，而且自二〇二二年二月二十四日以來更是如此，我們見證著歐洲最後一個民族國家的創生，而它正遭遇對抗前強大宗主國的震撼教育。歷史學家經常提醒，烏克蘭是二十世紀的一個「犧牲國」。中歐和東歐在第一次世界大戰結束後，有許多個國家從奧匈帝國和俄羅斯帝國的灰燼中誕生，烏克蘭也首次擁有了現代國家的立國經驗，即烏克蘭人民共和國（一九一七～一九二一），但它並沒有在俄國內戰中倖存下來。在一九一八年後重塑歐洲地圖的和平條約中，大國們紛紛傾向重建波蘭這個國家，而不是在俄烏都聲稱擁有主權的這片土地上建立一個獨立的烏克蘭。烏克蘭與波蘭、捷克斯洛伐克或羅馬尼亞不同，無法搭上這一股獨立風潮。

一直要等到一九九一年，在經歷了七十年的蘇聯統治，而且多少是出於某種疏忽，烏克蘭才終於獨立。有時烏克蘭人認為，當年獲得的獨立是一份有毒的禮物：它在人民沒有真正努力爭取的情況下就從天而降，這主要是一個苟延殘喘的體制崩潰的結果。烏克蘭的確存在異議分子，但卻沒有萊赫・華勒沙（Lech Walesa）和瓦茨拉夫・哈維爾（Vaclav Havel）這些代表人民並將民意昇華為一個政治體的人物。在蘇聯解體後的幾年裡，烏克蘭仍然是一個妾身未明的國家：沒有國家傳統，沒有強大的政治精英，因宗教和語言歸屬而分裂，被粗暴的後蘇聯資本主義所動搖，資源遭到寡頭掠奪。在最初的二十年裡，烏克蘭不斷在找尋自己。

說不定烏克蘭今天終於找到了自己？在過去的八年裡，烏克蘭經歷了加速的政治轉型和統一進程，這個過程包括戰火的痛苦折磨。三十年來，沒有人像普丁那樣，在團結烏克蘭民族上居功厥偉！克里姆林宮的主人處心積慮想將該國重新納入莫斯科懷抱，但其計畫卻屢屢受到挫敗，逼著他不得不亮出最後的底牌：一場毀滅性的戰爭。

過去八年來，俄羅斯一概將烏克蘭形容為一個「失敗的國家」，由一個「法西斯軍政府」領導，一個被烏克蘭語和俄語撕裂的國家，中央政府對俄語族群實施「種族滅絕」；諸如此類離譜的描述，全都與現實毫無關係。然而，如果說這些分裂確實存在，那麼它們正在逐漸消失當中。如今的烏克蘭認為自己是一個統一但多元的國家，對其公民身分的見解具有包容胸懷。

二〇〇四年橘色革命期間，東部的俄語工業盆地，特別是頓巴斯，大規模動員反對基輔的親西方運動。從那時起，許多分析家對烏克蘭社會採取了二元解讀：一邊是講俄語的烏克蘭東部居民，因此立場親俄；另一邊是西部的烏克蘭民眾，他們說烏克蘭語，因此親西方。這種對領土劃分過分簡化的看法忽略了一個不斷變動的歷史進程：那些曾經歷蘇聯政治和社會生活的烏克蘭人口正在老化，而出生於獨立烏克蘭的新世代已經成年並接管了國家。

二〇一四年，新的廣場革命就算引發社會反彈，但其實也沒有激起大規模的排斥。哈爾基夫、第聶伯羅或敖德薩等人口集中區，並不反對廣場革命的政治訴求而且還加以默許。這一現象在選舉中得到了證實。二〇一四年，頓內次克和盧漢斯克兩地出現了武裝分離主義，莫斯科樂於將其稱為「俄羅斯之春」。在俄羅斯的策劃、支持、資助和調度下[16]，這股勢力延燒成一場非常致命的戰爭。但人們經常忘記，二〇一四年四月在頓內次克，支持烏克蘭統一的大選造勢遠比分離主義的集會還要熱鬧。

親俄的情緒在頓巴斯依然存在，我們可以用社會經濟因素來加以解釋：重工業的衰落，還有預計二〇四〇年關閉的煤礦場，以及對保障各

16. 二〇一六年十月，烏克蘭駭客組織 CyberHunta 公布了當時俄羅斯總統府負責烏克蘭事務的顧問弗拉迪斯拉夫·蘇爾科夫（Vladislav Sourkov）的兩千三百封電子郵件就證實這一點。這位普丁的「灰衣主教」涉及在烏東地區煽動「分離主義」運動（與俄羅斯人士和組織以及頓巴斯政治「要員」勾串，資助破壞地區穩定的行動等）。根據克里姆林宮的說法，這些文件都不是真的。

階層人口生活穩定的蘇聯社會模式的懷念。但頓巴斯也並非只有一種聲音，「二〇二二年的頓巴斯已經不再是二〇一四年的那副模樣了，現在的年輕人很清楚必須有所改變。」我們在二〇二二年二月中，訪問了克拉馬托爾斯克市「東部人」（Skhidniak）青年運動的二十二歲領導人尼基塔・佩雷弗澤夫（Nikita Pereverzev），他說：「保護頓巴斯地區俄語族群的主張完全不合常理。我自己說俄語，生活在講俄語的城市，但我已經選擇隨心所欲在我想要的地方、想要的時候，以及在想交談的對象面前說烏克蘭語。真正的問題在於世代衝突，我動不動就和祖父母和父母爭吵。他們仍然生活在虛幻蘇聯的某個地方，而蘇聯是令我非常反感的東西。這就是頓巴斯的分離主義。」

「你們還以為我們會用鮮花來歡迎各位嗎？」自衝突以來，澤倫斯基在持續發布的影片中嘲諷俄國人。事實上，這場在社群網路、Telegram 頻道上延燒的影像戰中，俄羅斯戰地記者幾乎從未播出人們歡迎入侵軍隊的雀躍場景。「當看到哈爾基夫俄語居民的住宅成為俄羅斯飛彈目標而遭到燒毀的時候，你就會明白莫斯科毫不在乎這些俄語人口。」哲學家和散文家沃洛基米爾・葉爾莫連科（Volodymyr Yermolenko）表示。

情勢出乎克里姆林宮領導層的意料。在頓巴斯建立不被國際社會承認的分離主義實體，同時維持低強度戰爭的手段，並沒有促使烏克蘭東部的親俄情緒升溫，反倒是引發反感的情緒居多。就在開戰前，有72%的民眾認為俄羅斯是一個敵對國家，雖然民調結果因地區不同而有細微差異，但是克里姆林宮的侵略政策漸漸強化了烏國人民對俄羅斯的不信任，以及他們反抗的念頭。這就說明了才剛被俄軍占領的赫爾松和梅利托波爾居民，為什麼會出現高舉烏克蘭國旗上街並對俄羅斯士兵高喊：「Domoi!（回家去吧！）」的驚人且令人動容的場景。

過去八年來，在烏克蘭全國四面八方捕捉到的其他動人場面，與之形成了強烈對比，而且最近幾週更是如此。一個因戰火而誕生的儀式，從東邊到西邊不斷重複上演。每當有烏克蘭的孩子在前線犧牲，就會有成千上萬人跟隨靈車，陪同前往他最後的安息之地。在道路兩旁，無論白天還是晚上，這些人都會簇擁著送葬隊伍，在車頭前拋擲白色花朵。他們跪在地上，追悼、祈禱，每個人都高聲唸誦三次：「Geroï ne vmiraiout.（英雄不死。）」

在烏克蘭東部，人們與頓內次克和盧漢斯克分離主義共和國維繫著曖昧不明的關係。許多人的家人、前同事、熟人都待在前線的另一邊，人們經常會從前來領取烏克蘭養老金的退休人員，或是前來就醫的人們口中得知當地情況。被前線阻隔的人們持續交流，言談間往往會留心避開政治話題，提及的都是「分離主義」那頭有煤礦關閉，拖欠了好幾個月的工資，消失的社會福利，以及貨架空蕩卻價格暴漲的超市。

當莫斯科挑起分離主義衝突，就像一九九〇年代初期在摩爾多瓦的德涅斯特河沿岸地區，以及在喬治亞的阿布哈茲和南奧塞提亞那樣，出發點完全不是為了人民的利益。克里姆林宮的伎倆一如既往：透過戰爭建立一個分離主義實體，使其成為政治傀儡，然後以和平名義鼓勵有關國家，無論是烏克蘭、喬治亞還是摩爾多瓦，修改憲法成為一個聯邦，好讓傀儡分離主義政權對國家戰略方向擁有否決權。

近年來，基輔投入大量資源來開發經常遭到忽略的頓巴斯地區。烏克蘭東部地區的經濟、工業生產鏈和煤炭供應，因為頓巴斯衝突而受到嚴重衝擊。澤倫斯基一上台就努力奔走，為該地區招商引資，想要將馬立波港打造成他所希望看到的現代化發展示範區。二〇一九年十月底，澤倫斯基在亞速海沿岸舉辦了名為「Re: Think」的會議。這項潮味十足的活動，是基輔之外有史以來舉辦過最大的外國投資烏克蘭國際論壇，既定目標是讓馬立波成為國家的「引資磁鐵」，並脫胎換骨成為「東方之虎」，同時幫助頓巴斯在這個新經濟中重新占有一席之地。

因為頓巴斯對澤倫斯基來說是個相當特殊的地區，他善用了當地最好的一項資源：幽默。二〇〇四年，九五街區工作室原班人馬開始吸收盧漢斯克《KVN》隊伍「Va Bank」的年輕新秀，其中的葉夫根尼·科切沃伊（Evgeniy Kochevoy）後來成為九五街區工作室節目的台柱之一和烏克蘭的電視紅星。綽號「禿頭」的他在《人民公僕》影集中飾演戈洛博羅德科身旁詭計多端的外交部長，無論是在商場還是政界，澤倫斯基都是個性情中人，經常稱呼科切沃伊是他最好的朋友。九五街區工作室巡演時經常會在頓內次克和該地區的其他城市停留，演員們通俗的俄語幽默在當地大受歡迎。於是乎，當澤倫斯基跨足政壇時，他在頓巴斯（非俄羅斯占領區）的聲勢可以說是所向披靡。在二〇一九年的第二輪總統選舉中，頓內次克和盧漢斯克地區有89%的選民投票支持他，這是他在全國得票最高的地方，而頓巴斯本來應該是親俄反對黨「為了生活」的票倉。

戰爭的洗禮

二〇一九年一月，當得知九五街區工作室的諧星沃洛基米爾・澤倫斯基要競選總統時，許多烏克蘭士兵，特別是那些在頓巴斯戰線的阿兵哥只是一臉苦笑。「我對澤倫斯基的參選有何看法？當我牙痛去看牙醫的時候，我會想要確定他知道如何治療牙齒；當我把車送到修車廠的時候，我會希望技師知道引擎是什麼東西；當我投票要選總統的時候，我會希望他至少對軍隊有些瞭解，因為他將是我的總司令。」利維夫第八十空降旅的一位中士在頓巴斯的紹斯提亞（Shchastya）告訴我們。將領們支持波羅申科早已不是秘密，眾所周知是波羅申科整頓了烏克蘭的軍隊。

在過去的短劇表演中，澤倫斯基和團員們鮮少提到戰爭話題，彷彿它是一個禁忌。很多事情都可以搞笑，但戰爭能拿來說笑嗎？二〇一四年，當衝突爆發時，九五街區工作室劇團前往克拉馬托爾斯克，在動員士兵面前進行露天表演。站在彈藥箱上表演的歌曲和短劇和往常一樣獲得熱烈回響，但是澤倫斯基和民眾中的愛國主義分子相處並不愉快。在二〇一九年競選期間，九五街區工作室深感有必要趕緊製作一部紀錄片，肯定澤倫斯基及其友人對軍隊的支持，強調士兵的吉普車是由他們出資購買。他們播出這支影片，藉此營造澤倫斯基關心頓巴斯烏克蘭士兵的形象，但多少有些矯情。

沒多久，澤倫斯基就將競選活動的主軸放在重拾和平上，這是烏克蘭人的主要訴求之一，尤其是那些經歷八年烽火考驗的烏東民眾。但是，當記者問他如何恢復和平時，澤倫斯基卻惜字如金，整個人吞吞吐。他對軍事問題所知不多，只說他準備在必要時與普丁進行談判和對話。事實上，凡是任何粗暴殘忍的東西，他都打從心裡感到排斥。「我一見到澤倫斯基，就注意到他對暴力和戰爭的厭惡，這甚至反映在他與廣場革命的曖昧不明關係上。每次他談到這個問題時，都把它看作是流血事件或某種負面的東西。」二〇一九年見過他的一位政界消息人士透露。

二〇一九年四月，訴求和平的澤倫斯基當選，他任內的當務之急就是不惜一切代價結束戰爭。然而，儘管高票當選賦予他政治正當性，可以主導談判且願意做出重大讓步，但澤倫斯基還是被回敬了一場戰爭。克里姆林宮向他發動了一場全面戰爭，或許就像俄方入侵軍車上所噴塗的神秘字母V、O和Z，意思可能是：「沃洛基米爾・奧列克桑德羅維奇・澤倫斯基」（Volodymyr Oleksandrovitch Zelensky），但這僅僅是個猜測。

或許是因為澤倫斯基覺得自己沒有資格放棄四千四百萬同胞中大多數人的歐洲夢。他上台後，民意調查顯示，53%的烏克蘭民眾認為「烏克蘭應以加入歐盟為長期目標」；而支持與俄羅斯、白羅斯和哈薩克斯坦一起加入歐亞聯盟的人只有13%；另有24%的受訪者認為烏克蘭不應該加入其中任何一方。「向俄羅斯靠攏的外交政策支持度，在克里米亞遭到吞併之後就開始明顯下降，在頓巴斯受到軍事侵略之後更是如此。」民調機構表示，並且指出地區上的差異。烏東加入歐盟的支持率較低，但比例還是與希望和俄羅斯建立緊密關係的民眾幾乎不相上下（34%支持歐盟，27%支持普丁推動的歐亞聯盟，30%誰都不支持）。其他研究顯示，歐洲所宣揚的價值觀，包括人權、經濟繁榮、法治、個人自由等，得到了強烈支持，約為70%。

但沒多久，澤倫斯基身邊的某些人士就明白這種情況的危險性。

大選前不久，一位曾在烏克蘭軍隊中執行特殊任務而享有知名度的高人氣部落客，奧列克西・阿雷斯托維奇（Oleksiy Arestovitch）表態支持候選人澤倫斯基。二〇一九年二月，他接受烏克蘭一家小電視台Apostrophe的採訪，並提出了客觀清晰但令人憂心的預言。當被問及烏克蘭可能與西方，特別是與北約拉近關係時，阿雷斯托維奇表示：「這可能會導致俄羅斯對烏克蘭採取大規模的軍事行動。」他繼續說明：「俄羅斯應該會在我們加入北約之前發動攻擊，好讓我們知難而退。加入北約代表與俄羅斯發生重大戰爭的可能性有99.99%。但如果我們放棄北約，這將意味著莫斯科會在接下來的十到十二年接管我們的國家，所以我們正身處在十字路口。當然，與俄羅斯發生激戰之後，我們可以在戰勝的基礎上加入北約。現在讓我們一起投票給澤倫斯基！」在被主持人問到和俄羅斯開戰會是什麼情況時，阿雷斯托維奇猜測：「會有空中襲擊，還有部署在我國邊境的俄軍發動攻擊，圍攻基輔，企圖將烏克蘭軍隊包圍在頓內次克周圍，從白羅斯發動的攻擊，宣布新的人民共和國成立；這一切的可能性是99%。」什麼時候會發生？「最關鍵的時間點介於二〇二〇到二〇二二年之間。」

二〇二二年二月開戰之初，阿雷斯托維奇以總統府軍事顧問的身分出現在媒體上，成為烏克蘭家喻戶曉的人物。他每天關於戰局的影片簡報，與總統的自拍影片一樣受到關注。烏克蘭軍隊從一開始就對俄羅斯的入侵展現難以置信的頑強抵抗，使得普丁不得不放棄他原本的主要目標：拿下基輔。一條長達七十公里的縱隊大舉進犯烏克蘭首都，但大多數都遭到殲滅。來自鄰國白羅斯的俄軍在一路燒殺擄掠之後被迫折返。然而到了春天，密布的戰雲開始向頓巴斯迫近。

烏克蘭能否在這場試煉中取得勝利？想要取勝，西方國家就必須向烏國提供更多的武器、能協助它發動反攻的武器。二〇二二年四月中旬，在經歷五十天的戰爭之後，澤倫斯基對記者安妮·阿普爾鮑姆和傑佛瑞・戈德堡（Jeffrey Goldberg）表示，如果不將俄軍從烏東部省分驅逐出去，「他們很有可能就會重返烏克蘭中部，甚至回到基輔。現在還不是勝利的時刻，」烏克蘭只有在華盛頓和歐洲盟友迅速並大量提供軍火下才有可能獲勝，「但我們看到了一絲渺茫的機會。」

這段期間烏俄的談判陷入停滯，對此，澤倫斯基同樣火力全開，透過其政治合法性和開戰以來所享有的支持，亮出了公投這張底牌。除非經過全民公投，否則休想要烏克蘭割讓一塊領土，像是克里米亞或頓巴斯；也休想在莫斯科聲稱可以提供的安全保障下修改憲法，特別是藉此通過「中立」地位。二〇二二年三月二十七日，澤倫斯基總統向透過Zoom採訪他的五名俄羅斯記者表示：「我們需要辦理全民公投，因為只有人民才能決定是否接受中立地位和這些保障。」

公投是普丁最害怕的一項武器，除非是像二〇一四年三月十六日在坦克壓境克里米亞時所舉辦的那次公投一樣。二〇二二年二月八日，普丁在克里姆林宮與法國總統馬克宏進行了五個小時的面對面會談後，就是如此暗示俄方立場。在會後的聯合記者會上，當提到澤倫斯基拒絕執行七年前烏國被迫簽署的《新明斯克協議》時，普丁針對烏克蘭的立場表示：「無論喜不喜歡，親愛的，妳都必須咬牙忍受。」他引用的是俄羅斯搖滾天團某首歌中的一句歌詞，內容是在描述強暴。

每個人都是英雄

經過兩個月的戰事，澤倫斯基總統的聲望達到了顛峰，成功將烏克蘭絕大多數的民眾團結在他身後，至少在戰爭期間是如此。對許多烏克蘭政治的觀察家來說，這不失為一個小驚喜，因為沒有人想到澤倫斯基竟是如此頑強的角色。之前各方還擔心一旦開戰，他會拒絕迎戰，這種疑慮幾乎一直持續到二月二十四日上午。

「澤倫斯基是以和平總統的形象上台，從人性的角度來看，他對戰爭的主張充滿敵意，他根本不想打仗。他想要做的是修路、推動重大計畫，而不是戰爭。」《新時代》週刊的政治記者克莉絲汀娜・伯丁斯基表示，「這就說明了為什麼有很長一段時間，許多人都認為新任總統的軍事統帥形象不夠強硬，雖然他經常訪視頓巴斯前線。」對記者來說，澤倫斯基已經脫胎換骨：「戰爭爆發後，事實證明，他十分勇敢和堅定，他並沒有驚慌失措，也沒有離開基輔。我認為俄軍進展不順利的部分原因，是澤倫斯基沒有逃離基輔，而他大可以這麼做。軍方覺得國家統帥沒有退卻，人民的感受也是如此。」

澤倫斯基的總統光環也因為他每天十分鐘的談話影片而更加耀眼。這些片段是他在戰情室、辦公室或街頭所拍攝，而且通常是在夜晚。談話內容以人性尺度出發：他不斷提到民眾的遭遇，包括婦女和兒童。他非常忠實傳達了人們的感受。此外，他挺身發表談話也表明他並不害怕俄羅斯。開戰後的每個晚上，他都穿上如今成為經典的軍綠色短T，概述當天的戰情，交代軍事或外交上的進展，並以他低沉的嗓音來鼓舞全國的士氣。在這些影片中，他的結語通常是獻給當天的英雄，即那些他已經簽署命令授予「烏克蘭英雄」正式封號的人士。二〇二二年四月十五日，他宣布對二百三十七名軍人授勳，其中三十四人為追晉，並將「烏克蘭英雄」的封號授予「德米特羅・瓦列里奧維奇・卡中科（Dmytro Valeriovitch Kashchenko）上校，因為他英勇抗敵的榜樣激勵了戰友，因為他的作戰行動具體有效，在堅守我方陣地和驅逐占領者方面，取得了非常重要的成果」。

從他的語氣、堅定的目光、聲音的變化中，沒有任何跡象顯示他想要居功自傲。顯然，對澤倫斯基來說，英雄是那些在馬立波的廢墟，在哈爾基夫、米科拉伊夫的郊區，在伊爾平或布查出生入死的人，就像維塔利．斯卡庫恩（Vitaly Skakoun）這位年輕的烏克蘭士兵。開戰第一天，他就在赫爾松地區的一座橋上自爆犧牲，藉此拖慢俄羅斯坦克進犯的速度。之所以看不出澤倫斯基有任何算計，可能是因為這麼多烏國人民在戰爭中的勇氣令他折服，於是身為「人民公僕」的國家元首決定落實他著名的口號：「我們每一個人都是總統。」在晚間發布的影片中，他還想說的其實是：「我們每一個人都是英雄。」

二〇二二年，在那出人意料的幾個星期裡，就在烏克蘭的生存受到威脅時，整個民族重新找回了擁戴自己國家的直覺反應。因為正是從起身抵抗和捍衛民族身分認同的歷史中，才誕生了團結民心的吶喊：「Slava Ukraïni! Heroiam slava!」（榮耀屬於烏克蘭！榮耀屬於英雄！）一九一八年，烏克蘭人民共和國的戰士們身陷俄國內戰，他們養成了一種習俗來彼此問候，如今在公開談話和集體共融的時刻裡，像是為在前線捐軀的人所舉辦的葬禮上，都沿用了這樣的習俗，而整個民族的想像和神話，都包含在這句傳遍全國的「榮耀屬於烏克蘭！榮耀屬於英雄！」。但英雄不再只是偉大的歷史人物或昔日的豪傑義士，他們也可以是某天在頓巴斯戰線上挺身而出的郵差、護士、學生、歌劇演員或是左鄰右舍。

在西方民眾眼中，澤倫斯基的英雄形象坦白說更是深植人心，畢竟他們不習慣看到一個民主選出的國家元首被迫做出攸關人民生死的決定。今天，歐洲政治領袖紛紛造訪基輔的舉動洩漏了一些端倪，可能是因為澤倫斯基的個人勇氣喚起了歐洲的良心。目睹戰爭威脅重臨歐洲大陸，歐洲人開始自問面對這種情況他們會採取什麼立場。

英國媒體紛紛將澤倫斯基比作丘吉爾，而前者在對英國下議院的視訊會議發言中也利用了這一點，將這位傳奇英國首相在一九四〇年的著名演說加以改述：「我們將在海上和空中戰鬥到底。我們將不惜一切代價保衛我們的土地。我們將在森林中、田野中、海岸上、街道上戰鬥。」面對一位英國記者堅持將兩人相比毫無說服力，澤倫斯基僅迂迴回應說：「丘吉爾的確酒喝得比我還兇！」

奇怪的是，烏克蘭人在看待自己總統的英勇表現時反而有所保留。「我認為澤倫斯基贏得了許多人的尊敬，他們沒有料到他竟然這麼勇敢。所有批評他的人都閉嘴了，這不代表他們一夜之間就喜歡上了他，不過每個人都明白，現在最重要的是對抗俄羅斯，戰勝普丁贏得勝利，而不是被內部的分歧所阻礙。」記者克莉絲汀娜・伯丁斯基表示，她以平常心看待烏國的未來。

「我相信烏克蘭獲勝後，對澤倫斯基的批評又會捲土重來！因為烏克蘭人面對逆境會迅速團結起來，但在承平時期也會衝動地大吵大鬧。」記者笑著說。她指出，烏克蘭人已經毫不客氣開始批評他們的總統和政府部門，特別是最近涉及與俄羅斯聯邦進行的談判，其中提出以烏克蘭的中立地位作為必要條件，來換取俄軍撤出烏克蘭領土。「但坦白說，批評的聲浪相當溫和！我個人認為，作為一名政治家，澤倫斯基在三週戰局中的成長，要比執政近三年來所取得的進步還要多。如果烏克蘭贏得勝利，同時不與俄羅斯簽署不利協議的話，幾乎可以確定澤倫斯基會連任成功。」

也許沃洛基米爾・澤倫斯基只是個平凡英雄，畢竟他是以「人民公僕」來看待自己。二〇二二年，真正的英雄是烏克蘭人民，無論是個人還是群體。「烏克蘭人正在向全世界示範民主價值不僅可以捍衛，而且還可以英勇地加以捍衛。反觀過去幾十年來，面臨式微和沮喪氛圍的民主世界其他國家，烏克蘭展現了逆勢而行的氣魄。」哲學家和散文家沃洛基米爾・葉爾莫連科表示，他同時也是位睿智的評論家，關注當前烏克蘭所面臨的變局。「現在的烏克蘭展現出無比團結的精神，有人將之比作廣場革命，但它比廣場革命更具意義。今天的烏克蘭更加包容，我們可以在軍隊、志工中心、檢查站和路邊感受到這一點。整個國家就像個不分你我的巨繭，這種團結的背後有令人悲傷的原因，但也不失為一種奇蹟。」

澤倫斯基和他一位死對頭之間的和解也像是個奇蹟。過去三年來，烏克蘭最優秀的調查記者，為獨立媒體《烏克蘭真理報》（Ukrainska Pravda）工作的米哈伊洛·特卡奇，像一名刻苦的士兵一樣，沒日沒夜調查澤倫斯基及其身邊親信的生意往來、醜聞和不當行為。總統家族的房產、與九五街區工作室寡頭的關係、執政的小特權、人民公僕黨民代的醜聞等，所有的枝微末節都掌握在他手裡。特卡奇和澤倫斯基都把對方看作是眼中釘。去年秋天，在開戰前總統府召開的最後一次公開記者會上，兩人當著攝影機的面對罵了半個小時！

二〇二二年三月二日，開戰才不到一週的時間，米哈伊洛・特卡奇就在他的Facebook上貼文：「過去人們曾說『像是丘吉爾』或『我們需要自己的瓦茨拉夫・哈維爾』，又或者是『我們的曼德拉在哪裡？』。這場戰爭終將過去，無論結局是烏克蘭勝利還是俄羅斯敗北都不重要。但是往後當世界各地的其他國家遭逢困難的時候，我想屆時人們可能會說『我們的澤倫斯基』或『我們需要我們的澤倫斯基』，又或者是『我們的澤倫斯基在哪裡？』。」

鳴謝

這部作品成書於二〇二二年二月二十四日烏俄戰爭爆發至今的這段時間，同時借鑒了筆者多年來對烏克蘭和前蘇聯國家政情的報導和分析。

這裡要向多位專家、研究人員和記者同業表示感謝，他們關於烏克蘭的研究和專業知識，以及和他們交流的過程，豐富了我們對烏克蘭的認識，特別是多明尼克．阿雷勒（Dominique Arel）、克莉絲汀娜．伯丁斯基（Kristina Berdynskykh）、安娜．柯林．列別捷夫（Anna Colin Lebedev）、亞歷桑德拉．古瓊（Alexandra Goujon）、格列佛．克雷格（Gulliver Cragg）、艾琳娜．洛姬諾娃（Elena

Loginova）、米哈伊洛・米納科夫（Mykhailo Minakov）、尤莉亞・舒坎（Ioulia Shukan）、諾亞・斯奈德（Noah Sneider）、米哈伊洛・特卡奇（Mykhailo Tkach）、沃洛基米爾・葉爾莫連科（Volodymyr Yermolenko）等人。

另外，我們也要向烏克蘭和歐洲的消息來源致謝，匿名和具名都有。自二〇一八年十二月以來，他們同意與我們談論並分享關於當時的候選人和選上總統的沃洛基米爾・澤倫斯基。其中，九五街區工作室成員和總統的一些同路人，帶領我們認識了澤倫斯基與眾不同的世界。

非常感謝記者艾拉・拉扎列娃（Alla Lazareva），她的文獻研究和訊息查證對成書居功至偉。

同時也要感謝幫助我們對澤倫斯基現象進行深入研究的團隊和編輯

部門，包括法國國際廣播電台、《解放報》、《時代報》、《費加洛報》、《晚報》、《巴黎競賽》週刊。

順帶一提，感謝陪同我們追隨澤倫斯基足跡的攝影師朋友：吉拉姆．赫爾包（Guillaume Herbaut）、布倫丹．霍夫曼（Brendan Hoffman）和拉斐爾．雅歌潔（Rafael Yaghobzadeh）。

謝謝勞勃．拉豐出版團隊的信任和專業。

國家圖書館出版品預行編目資料

澤倫斯基：我需要彈藥，而不是逃跑 / 賀吉斯．瓊代（Régis Genté）、史蒂夫．修安（Stéphane Siohan）著；范兆延 譯. -- 初版. -- 台北市：平安文化有限公司，2022. 10
面；公分. --（平安叢書；第 739 種)(TOPIC 話題；20)
譯自：Volodymyr Zelensky - Dans la tête d'un héros

ISBN 978-626-7181-26-3（平裝）

1.CST: 澤倫斯基 (Zelenskyy, Volodymyr)
2.CST: 傳記 3.CST: 烏克蘭

784.828　　　　111016268

平安叢書第 0739 種
TOPIC 話題 20

澤倫斯基

我需要彈藥，而不是逃跑

Volodymyr Zelensky - Dans la tête d'un héros

作　者—賀吉斯．瓊代、史蒂夫．修安
譯　者—范兆延
發行人—平　雲
出版發行—平安文化有限公司
台北市敦化北路120巷50號
電話◎02-27168888
郵撥帳號◎18420815號
皇冠出版社(香港)有限公司
香港銅鑼灣道180號百樂商業中心
19字樓1903室
電話◎2529-1778　傳真◎2527-0904
總編輯—許婷婷
執行主編—平　靜
責任編輯—蔡承歡
美術設計—單　宇
行銷企劃—薛晴方
著作完成日期—2022年
初版一刷日期—2022年10月

法律顧問—王惠光律師

讀者服務傳真專線◎02-27150507
電腦編號◎503020
ISBN◎978-626-7181-26-3
Printed in Taiwan
本書定價◎新台幣340元/港幣113元